战略破局
思考与行动的四重奏

陈雪萍　陈悦　岑颖寅　陈玮　著

STRATEGIC BREAKTHROUGH
QUARTET OF THINKING AND ACTION

机械工业出版社
CHINA MACHINE PRESS

本书全景式深入呈现了在内外部环境风云变幻、组织变革和转型的背景下，中国企业各层管理者在战略相关话题上所经历的真实挑战、纠结和困难。

基于多位管理咨询顾问亲历的中国企业变革项目和实践变革工作，本书重点为大家介绍对企业至关重要的，从思考到落地的"战略循环四重奏"，即战略思考、战略共识、战略解码和战略实施这四件大事，并着力细致呈现每件大事涉及的迷思和误区、关键要点、具体做法和过程、实操中的常见问题。我们回顾介绍了一些经典的和新近涌现的战略理论流派，并穿插评述，归纳企业实战中的战略思考的要点，希望能给大家带来更多启发。

本书力图从理论到实践，为大家介绍思路和方法，提供模板和范例，分享可能出现的"坑"和应对诀窍，回放真实的案例和高管对话，帮助中国企业各层管理者和其他有需要的人士更好地开展战略思考、达成战略共识、推动战略的解码和战略的真正落地实施，并真正实现企业的可持续健康发展。

图书在版编目（CIP）数据

战略破局：思考与行动的四重奏/ 陈雪萍等著.
—北京：机械工业出版社，2020.9（2024.9 重印）
ISBN 978－7－111－66279－2

Ⅰ.①战… Ⅱ.①陈… Ⅲ.①企业管理 Ⅳ.①F272

中国版本图书馆 CIP 数据核字（2020）第 144640 号

机械工业出版社（北京市百万庄大街 22 号 邮政编码 100037）
策划编辑：坚喜斌 责任编辑：坚喜斌 刘林澍
责任校对：炊小云 责任印制：孙 炜
唐山楠萍印务有限公司印刷
2024 年 9 月第 1 版·第 9 次印刷
145mm×210mm·9.75 印张·3 插页·192 千字
标准书号：ISBN 978－7－111－66279－2
定价：69.00 元

电话服务	网络服务
客服电话：010-88361066	机 工 官 网：www.cmpbook.com
010-88379833	机 工 官 博：weibo.com/cmp1952
010-68326294	金 书 网：www.golden-book.com
封底无防伪标均为盗版	机工教育服务网：www.cmpedu.com

推荐序

"如何实现战略的成功落地",这是众多企业管理者日常思考的问题。在战略思考、战略共识、战略解码和战略实施的过程中,企业会碰到各种各样的问题和挑战。

在我看来,战略战术千条万条,第一条是"肯打"!我们有很多成功的企业,都有很普通的出身,一开始并没有系统的战略,也没有先进的方法论,但最终都走出了适合自己的路子,这点值得大家思考。"肯打",具体指的是企业的战略和业务目标大致明确后,执行才是最关键的。迈出了第一步才会有未来,哪怕"枪声一响,计划作废了一半",管理者也要避免周而复始的"纸上谈兵"。保持灵活性、不刻舟求剑是制定战略的最重要原则。

战略管理更要抓主要矛盾和矛盾的主要方面,不能面面俱到,像绣花一样处处很精细但缺少灵魂。通过确定清晰目标和关键任务,将影响公司实现整体目标的瓶颈或里程碑式的关键任务纳入管理跟踪。战略管理也不是静态的,需要根据外部环境、内部条件变化,阶段性地审视、挑战,周而复始,不间断地进行管理和优化。

充满活力的组织是战略落地的关键。人力资源管理,特别是组织管理的很多理论是"反人性的",比如去除惰性,就是要把水从低处抽到高处去;而战略落地又必须尽可能地符合人性,这样才能充分调动人的积极性,让组织充满活力,努力向前冲锋,这样才能取得好的效果。

小企业,特别是有坚定目标的小企业制定战略后,保持初心很重要。20世纪90年代初,我在波士顿Hay公司培训时,Hay的总裁开玩笑地说华为应该把"*Do it or Die*"(决一死战)当成华为司歌。那个时候,作为一家刚起步的小公司,我们认准了电信行业,看到了产业的广阔前景,正如比尔·盖茨认为人人都将需要一台PC机一样。华为创始人说,企业家就是为了机会而不顾手中资源的"疯子"。中小企业、初创企业必须得有这样的激情和对所选产业的热爱,这样才有了企业战略的起点。

借用托尔斯泰的一句话:"幸福的家庭总是相似的,不幸的家庭各有各的不幸。"这句话也适用于企业的战略管理。几位帮助并见证了很多中国企业的转型变革之路的管理顾问,在本书中总结了大量的实践案例,让它可以当作一本"工具书",相信能够给广大的企业管理者带来启示和帮助。

郭 平

华为公司轮值董事长

前　言

世界已进入极度动荡、未知、复杂和模糊的所谓 VUCA 时代，一切游戏规则似乎已经或正在被颠覆。为了持续生存与发展，企业最高层不得不持续地重温或思考新的使命和愿景、新的文化和价值观、新的商业模式、新的竞争战略、新的核心能力、新的组织体系和人才策略。

我们几个从事咨询工作时间相加超过 80 年的管理顾问，期望从企业的战略思考、战略落地这一重要角度出发，与企业的各级管理者一起探讨如何以战略思考、战略落地为核心流程，明确企业前进方向、建立高层集体共识、打造高效领导团队、凝聚组织与团队士气、塑造与战略匹配的文化。

这不仅是一本关于战略的工具书，也是一本真诚的顾问工作手记，更希望成为企业转型和变革的一份指引。

战略问题是关于企业经营管理和发展的关键，更是组织转型和升级时最常见也最重要的问题，本书力图从以下四个方面给大家提供思路和建议：战略思考、战略共识、战略解码和战略实施。

我们关注的是：组织如何通过战略思考，在时间轴上做到

前后打通、在组织边界上做到**内外打通**；通过战略共识、战略解码和战略实施，在高层实现**左右打通**、在整个组织实现**上下打通**。最终，从思考到落地形成循环，实现"知"与"行"的合一。

希望本书能帮到每一位与我们有缘的读者，也希望每一位读者能通过本书形成自己的战略思考框架，并真正提升战略执行力，实现前后打通、内外打通、左右打通、上下打通和知行合一，带领企业实现可持续健康发展。

目 录

推荐序
前言

第1章 "从脚下到远方"的五道坎 / 001
  1.1 第一道坎,从"自我满足"到"持续刷新" / 003
  1.2 第二道坎,从"团伙"到"团队" / 004
  1.3 第三道坎,从"眼前"到"未来" / 005
  1.4 第四道坎,从"拍脑袋"到"建体系" / 005
  1.5 第五道坎,从"层层衰减"到"上下穿透" / 006

第2章 战略循环四重奏,从思考到落地 / 009

第3章 战略四重奏之一:战略思考 / 023
  3.1 经典战略理论流派回顾 / 025
    3.1.1 迈克尔·波特的战略理论 / 025
    3.1.2 麦格拉斯的"竞争优势的终局"和"战略转折点" / 033
    3.1.3 钱金的"蓝海战略" / 043
    3.1.4 罗杰·马丁的"赢战略" / 047
  3.2 近年战略理论流派介绍 / 058
    3.2.1 平台战略 / 058
    3.2.2 IBM的业务领先模型(BLM) / 063
    3.2.3 VUCA时代的敏捷战略 / 066

3.3	企业实践中的战略思考	/ 070
3.3.1	实践中的战略思考的要点	/ 071
3.3.2	国内企业在战略思考中的常见的迷思和误区	/ 078
3.3.3	国内企业在战略思考的实际操作中的常见问题	/ 085
3.4	本章小结	/ 097

第 4 章　战略四重奏之二：战略共识　　　　　　　/ 099

4.1	常见的迷思和误区	/ 102
4.1.1	战略共识 ≠ 曲高和寡	/ 102
4.1.2	战略共识 ≠ 一把手宣讲	/ 103
4.1.3	对战略有疑问 ≠ 水平不够或态度不好	/ 103
4.1.4	强制执行 ≠ 执行到位	/ 104
4.1.5	一次共识 ≠ 从此安枕无忧	/ 105
4.1.6	战略共识 ≠ 运用复杂抽象的框架、概念和术语	/ 105
4.2	战略共识：5+1 核心要素	/ 106
4.3	达成战略共识的具体过程：理性烧脑，感性走心	/ 109
4.4	达成战略共识的实际操作中的常见问题	/ 125
4.4.1	需要避开的坑	/ 125
4.4.2	我们的诀窍	/ 127
4.4.3	其他常见问题	/ 130
4.5	本章小结	/ 134

第 5 章　战略四重奏之三：战略解码　　　　　　　/ 135

5.1	常见的迷思和误区	/ 137
5.1.1	战略解码 ≠ 分任务压指标	/ 137
5.1.2	流程走完 ≠ 解码完成	/ 138

目录
CONTENTS

5.1.3 制定高目标≠解码成功 / 138
5.1.4 解码到人≠事情落地 / 139

5.2 战略解码：从远到近+从虚到实+从组织到个人 / 140
5.2.1 从远到近的翻译 / 140
5.2.2 从虚到实的翻译 / 141
5.2.3 从组织到个人的翻译 / 141

5.3 战略解码的具体过程：步步为营，层层解套 / 143
5.4 战略解码的实际操作中的常见问题 / 162
5.4.1 需要避开的"坑" / 162
5.4.2 我们的一些窍门 / 164
5.4.3 其他常见问题 / 165

5.5 本章小结 / 176

第6章 战略四重奏之四：战略实施 / 179

6.1 常见的迷思和误区 / 181
6.1.1 战略执行≠战略规划 / 181
6.1.2 战略执行≠年终考核 / 182
6.1.3 战略执行≠中基层的任务 / 183
6.1.4 战略执行≠赛马机制 / 184

6.2 战略实施：把握关键抓手 / 185
6.2.1 战略绩效管理 / 185
6.2.2 用管理工具持续跟踪 / 191

6.3 战略实施的具体过程：复盘反思，坚持致胜 / 192
6.4 战略实施的实际操作中的常见问题 / 213
6.4.1 常见问题 / 213

6.4.2　需要避开的坑　　　　　　　　　　/ 224
6.4.3　我们的诀窍　　　　　　　　　　　/ 225

6.5　本章小结　　　　　　　　　　　　　　　/ 227

第 7 章　案例赏析　　　　　　　　　　　　　　/ 229

7.1　案例赏析之一：战略共识　　　　　　　　/ 230
　7.1.1　场景回放——"我还以为大家都认同了"　/ 230
　7.1.2　采访纪实——"原来要这样谈战略"　/ 236

7.2　案例赏析之二：战略解码　　　　　　　　/ 244
　7.2.1　场景回放——"达成共识了怎么没行动？"　/ 244
　7.2.2　采访纪实——"必赢之仗，解码到人"　/ 249

7.3　案例赏析之三：战略实施　　　　　　　　/ 258
　7.3.1　场景回放——"光靠情怀能走多远？"　/ 258
　7.3.2　采访纪实——"变革进入深水区"　/ 262

7.4　案例赏析之四：战略实施　　　　　　　　/ 272
　7.4.1　场景回放——"高管还要督促紧盯？"　/ 272
　7.4.2　采访纪实——"遇墙打洞，遇海架桥"　/ 277

7.5　案例赏析之五：战略实施　　　　　　　　/ 282
　7.5.1　场景回放——"新老财务总监的尴尬"　/ 282
　7.5.2　采访纪实——"好心办坏事"　/ 287
　7.5.3　采访纪实——"推什么都推不动"　/ 290
　7.5.4　采访纪实——"我也很无奈"　/ 293
　7.5.5　后续　　　　　　　　　　　　　　/ 294

后　记　写在疫情的尾声　　　　　　　　　　　/ 295
作　者　4C 团队介绍　　　　　　　　　　　　/ 298

第1章

"从脚下到远方"的五道坎

从思考制定战略到落地实现,是从思到行的过程,是从当前和脚下迈向未来和远方的过程。这条道路并非坦途,路上有重重挑战。虽然不能说企业要过刀山下火海,但确实要跨得过下面的五道坎,至少要跨过其中的大多数,才可能真正迈向战略不断循环的境界,企业也才能有持续的生命力。

1.1 第一道坎，从"自我满足"到"持续刷新"

企业一把手能否持续刷新，挑战自我是战略能否成功实现的第一道坎。改革开放40多年来，中国企业的迅猛发展极大地推动了中国经济的发展，把中国送到了全球第二大经济体的位置。企业发展一般要经历三个阶段，初创期，从0到1阶段；扩张期，从1到N阶段；以及裂变期，从N到N+1阶段。企业的成功不是偶然的，从0到N+1的发展也不是一蹴而就的，在每个发展阶段对一把手的能力要求都不尽相同。微软第三任CEO萨提亚·纳德拉在自己的《刷新》一书中提到："每一个人、每一个组织乃至每一个社会，在到达某一个点时，都应点击刷新——重新注入活力、重新激发生命力、重新组织并重新思考自己存在的意义。"这里的"某一个点"可能是短期目标实现的节点，也可能是3年或5年规划实现的节点；可能是业务遭遇低谷时，也可能是居安思危之际。企业随时需要站在未来的视角审视当前的战略、业务、资源配置等并做出及时的调整。

企业能否拉出第二曲线甚至持续拉出新的增长曲线，有赖于一把手是否能持续刷新自我，突破自我的局限性，在认知、性格、胸怀、眼界、专业领域、管理方式、思维模式等方面是否能不断突破"舒适区"，不断接受来自外部及自我的挑战，保持一如既往的冲劲和干劲。

这道坎要迈过去，很重要的一个关键是企业家能否审时度势，发展自己各方面能力来适应企业不同阶段的发展要求，或者找到比自己更合适的一把手，让其发挥更重要的作用，这个过程是对企业创始人的巨大考验。

1.2 第二道坎，从"团伙"到"团队"

拥有真正的管理团队是战略能否成功实现的第二道坎。真正的管理团队意味着团队拥有共同的使命/愿景/价值观和团队行为准则、团队分工与职责明确、成员互相学习、共同成长以及团队能量爆棚。而我们发现很多公司并没有用使命凝聚起一支真正的管理团队。重塑战略的基础就是大家认同的公司使命和愿景，认同不仅代表着我知道（know）、我理解（understand），更代表着我同意（agree）、我认同（buy-in）。

真正的团队还有另一个特质：彼此相知互信，能够坦诚直言、犀利辩论。一个老大"一言堂"说了算的团队，更像是江湖帮派，而真正的团队应该让每个人都畅所欲言，可以让人无所顾虑地做到"知无不言、言无不尽"；并通过善意的挑战、建设性的冲突，激发彼此的思维和激情。真正的团队，对大事要形成高度共识，对小事可求同存异，在价值理念方面则应渐行渐近。需要特别强调的是，真正的管理团队的每一位成员都有其独特的价值，可以从不同的角度提供价值，引发大家的思考，避免整个团队进入盲区。

这道坎要迈过去，一个关键是企业一把手要放下小我，建立平等、尊重、共创的团队氛围。

1.3 第三道坎,从"眼前"到"未来"

科技的快速发展和客户需求的快速改变,迫使企业愿景和战略迭代的速度越来越快。战略升级和迭代包括对使命愿景的重新思考和回顾,战略的选择、实现路径和关键节点的明确,当然也包括业务模式的探索和创新。使命愿景解决的是企业的大方向,而战略解决的是企业发展的具体路线。大方向明确后,具体路线不仅要配套,而且要不断复盘,不断根据内外部环境进行调整和迭代。从专业化战略到多元化战略、再到平台化战略、甚至生态化战略,或者从本土化战略到国际化战略、再到全球化战略等,每一次的升级和迭代都需要从未来的视角,从客户需求变化的视角重新思考。

所以,战略升级和迭代就是要解决企业长期发展的问题,解决企业在明确了大方向的前提下如何不断因地制宜,调整发展的路径和速度。而这一调整和迭代是从未来视角出发,未雨绸缪的主动应变。

这道坎要迈过去,很重要的一个关键是高层团队成员必须有足够高的自我角色定位,有强烈的危机感和企业主人翁意识,有能力洞察趋势和思考未来,有能力从不确定性中发现确定性,并不断发现新机会。

1.4 第四道坎,从"拍脑袋"到"建体系"

很多中国企业(特别是在创业阶段或发展早期),无论是在战略决策还是在战略落地过程中，无论是在业务方向的开拓和转型还是在组织架构的调整和关键人员的排兵布阵等重大判断中，更多依靠极少数最高领导者的经验和直觉来拍板，高效决定关键人和关键事，也就是我们常说的"拍脑袋"。同时，我们发现，很多时候这种"拍脑袋"的动作看似随意，甚至让下属觉得一天三变，但背后有领导者敏锐的洞察、犀利的眼光，有长期积累的经验以及对当下内外部环境的综合判断。很多时候，这种凭直觉决策的效果，用任何模型或体系都难以取代。

但是，随着时代的发展、内外部环境的不断快速变化，竞争格局愈发错综复杂和扑朔迷离，单靠"拍脑袋"提出符合企业需要的最合适方案正变得越来越难；最高领导者在做决策的时候，可能发生的偏差也越来越大。因此，用系统化、结构化的思考方式纳入众多错综复杂的信息、用体系化建设来构建组织的战略思考力就越发凸显出其价值。

体系化建设也为企业各层级讨论战略话题提供了一种语言，能够让更多人参与思考和决策的过程，贡献智慧，也能加强认同感。同时可与领导者的直觉互相碰撞、印证和补充，支撑更好的战略决策。

这道坎要迈过去，很重要的一个关键是体系化建设不能妨碍创新和效率：好的体系化战略思考，必须能帮助企业更好地创新和增效。

1.5 第五道坎，从"层层衰减"到"上下穿透"

中国企业发展到一定规模，普遍会有一个通病：高层对使命愿景目标比较清楚,但往下数到第三层乃至基层,大部分人就不太清楚这些激动人心的内容了。人们自己做的事情和工作到底如何支持整个团队、部门、公司达成目标并不清楚,这就是我们说的层层衰减。就像一粒石子扔进了湖面,却只激起有限的几圈涟漪。

美国航空航天局(NASA)非常知名,20世纪六七十年代它的使命是送人上月球。当时,有人问NASA的清洁工,你做得这么努力是为什么,他说我也在送人上月球,清洁度达到要求才能确保他们安全回归。虽然他只是一位清洁工,也满怀使命感,注入了能量,这也造就了NASA的实力。这就是我们中国古话说的"上下同欲者胜"!

一旦明确了企业战略重点、业务策略,就要关注企业有没有将它们根植于每一个领导和员工的日常工作中。我们发现,很多企业是没有做这件事情的,这也导致战略在执行的过程中断层了。一个愿景,出现了多个不同的声音,产生了各种变形。看上去大家都在马不停蹄地勤奋工作,但没有解决真正的与战略相关的问题。

这道坎要迈过去,关键是要在日常工作和战略之间建立多个链接,也就是不能仅仅依靠一个石子泛起有限的几圈涟漪,要设计好振动器,让涟漪触达更远的湖面。

那我们如何跨过上述这五道坎?这就是本书试图探讨的话题。

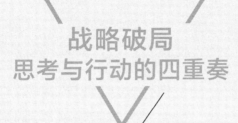

战略破局
思考与行动的四重奏

第 2 章

战略循环四重奏,从思考到落地

迈过五道坎，组织走过的实际上就是从战略思考到真正推动战略实施的过程，这是一段充满挑战的道路，它在企业发展的过程中不是一次性的，是循环往复的，也就是说，战略的挑战是永存的。中国企业在过去 20 多年间，在战略管理领域有非常多的创新实践，积累了大量成功的案例和失败的教训。每一个参与者也在这种挑战性的经历中体会着自身成长的快乐与痛苦。从思考到落地的战略循环，也是一个从"脚下"迈向更美好的"远方"的征程。

本书涉及一些重要概念，大家平时频繁地听到和用到这些词汇，但也常常有各自不同的释义和解读。为便于阅读、避免混淆，我们在这里开宗明义地界定、澄清我们所理解和定义的以下几个概念，包括它们的所指范畴和所解决的问题，以阐释我们所理解的从战略思考到战略实施的循环。

战略和战略制定：

战略是个大问题，是每个 CEO 每天所思、所想、所烦恼的事情。

> 战略本来是一个军事术语,在古希腊,战略被称为"将军们的艺术"。
>
> 人类进入移动互联网和人工智能时代后,战略和战略制定的环境发生了巨大变化,传统的方法论也一再受到挑战。回顾一下战略的不同流派和最近几年涌现出来的战略理论,对未来思考战略、讨论战略以及实施战略将很有帮助(详见第3章)。
>
> **战略的定义:**
>
> 关于战略的定义,可能有千千万万种。每一种定义,都隐含了定义者的基本假设。
>
> 我们希望通过对战略的主要理论流派的介绍,帮助读者形成自己对于战略的认知和理解。

战略四重奏是指一个组织通过外部商业分析、竞争分析,结合内部优劣势和资源条件,构建战略、探讨和辩论战略、拆解战略和执行战略的过程。战略四重奏是从思考到实施的完整循环。战略四重奏包括战略思考、战略共识、战略解码和战略实施。

◇ **战略思考**(Strategic Thinking):是指企业关键少数人对组织战略的核心内涵进行思考和探索的过程。它解决的是战略的宏观问题。

◇ **战略共识**（Strategic Alignment）：是指企业高层团队（尤其是一把手与高管团队，有时也包括关键中层）通过集体探讨、辩论和沟通，实现对战略的认知和承诺，是高层团队"拉齐"的过程。它解决的是战略"中观同频"的问题。

◇ **战略解码**（Strategic Decoding）：对战略进行分解和具体化，并确定相对近期的时间表、资源分配、责任分工的过程。它解决的是战略的微观问题，也就是战略如何层层拆解，确保"上下同欲"的问题。

◇ **战略实施**（Strategic Implementation）：是指把战略和日常的工作、财务的预算、经营计划和考核激励机制挂钩，让战略真正落地，而不是战略和日常经营两张皮。它解决的是通过复盘调整、考核激励等相对体系化的过程和途经，实现战略落地，把事干成。

在这个循环中，战略思考、战略共识、战略解码、战略实施是个大体的顺序，但并非一成不变的单向流程。战略四重奏之间没有泾渭分明的分割线，也没有严格意义上的先后顺序。我们发现，实际操作中各步骤之间不时交叉重叠、模糊纠缠，甚至来回反复，也是正常的，甚至是必要的。

比如：关于战略的思考本就是绵延不断的、持续的、动态的、贯穿在整个循环中的，很难说在一个特定的步骤内把战略思考完，就再也不去想它了。

再者，"战略思考"和"战略共识"这两个步骤之间，尤其没法明确地分割开来。本质上，战略思考的同时，也在小范围内（尽管范围确实极小）建立着初步的共识；而尽管战略共识的核心目的是让高层团队"拉齐"对战略的认知和承诺，但其实也是在更大范围内做着群体性的思考。这个过程很可能再度激发大家的思考、启发新的思路，再度修正、调整、优化、丰富，甚至重塑前面已经成型的组织战略。甚至有的企业在第二步（战略共识）过程中，大家热烈地争着吵着，把事情越辩越明了，连发起议题的一把手也感觉进入某个新领域的时机尚未成熟、组织的资源和能力也远不能支撑，结果，索性返回第一步，重新开始思考。但这个过程绝不是在白费工夫，大家经历了深入的探讨，把一些该做、不该做的事情想得更清晰了，也建立了更深的共识——所谓战略，不就是关于"取与舍"嘛，弄明白这个就很值了。

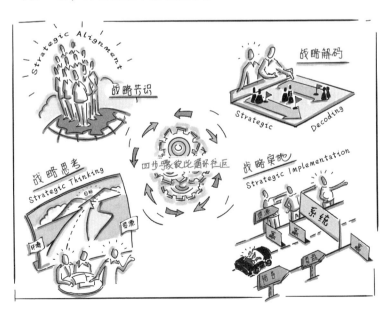

又如：战略解码时，我们一边层层拆解、明确具体行动计划，一边其实也是在进一步强化和夯实大家对事情的共同认知，即深化共识。

再如：在战略实施的漫长过程中，事物在发生各种变化，我们更是需要定期或不定期地回顾检视，动态调整具体的实现思路、细节的行动计划……同时，也推动新一轮的战略思考（但这就是在一个更新也更深的层面上思考了）。

那么，战略四重奏与企业的使命和愿景又有什么关系呢？管理学大师彼得·德鲁克曾说："使企业遭受挫折的唯一最重要的原因，恐怕就是人们很少充分地思考企业的使命是什么。"通用电气前 CEO 杰克·韦尔奇也说过："有效的使命需要在可能的目标与不可能的目标之间建立一种平衡。它既要给大家一个清晰的方向，以赢得商业利益为导向，也要让人们充满壮志雄心，感觉到自己是伟大事业的一部分。"在如今的 VUCA 时代，越来越多的企业关键人才不仅希望把工作做好、达成目标，更追求价值和意义，拥有更强烈的使命感和改变世界的决心和自信。拥有清晰的使命和初心的公司，在战略的选择上更果断，获得公司内部认同的程度更高。所以，当我们讨论战略四重奏时候，起点应该是公司的使命和愿景。

> 讨论战略四重奏的时候，起点应当是公司的使命和愿景。

很有意思的一件事情是，我们曾经合作的客户很容易就能说清三年的目标是什么、十年的愿景是什么，而对长期驱动的使命反而不能说得很清楚，或者说法经常发生变化。这种现象本质上体现了一种"以我为中心"的态度。所以"我想创办什么样的企业""我想达到什么目标"之类跟愿景相关的描述更容易提出，而使命是为他人做什么、为社会做什么、为其他企业做什么，体现了一种利他的、以他人为中心的态度。比如阿里巴巴的使命是"让天下没有难做的生意"，愿景是"成为一家102年的公司"。一个公司的使命是它的灵魂表述，是回答公司为什么存在、要创造什么价值。使命就像是企业这艘大船航行的罗盘，如果所指的方向是变动不居的，不够清晰坚定的，怎么能确保企业的战略方向是正确的或者是凝聚人心的呢？

所以，战略四重奏的起点一定是企业的使命、初心，然后才是未来愿景以及如何达成未来愿景的关键路径等。当然，如果公司使命经过多年的努力实现了，那么再重新提出新的使命也是比较常见的。

> 战略的"灵魂四问"：我们想去哪里？我们的机会在哪里？我们将如何达到？我们达到了吗？

比如，美国微软公司最初的使命是"让每个家庭、每张办公桌上都有一台PC"，经过多年的努力，这个激动人心的使命已经实现了。所以，当微软第三任CEO萨提亚·纳德拉上任后，提出了微软新的使命："予力全球每一人、每一组织，成就不凡"。福特公司、亚马逊公司都曾经在企业发展的过程中提出过新的使命。使命、愿景和战略四重奏的关系，可以参考下图：

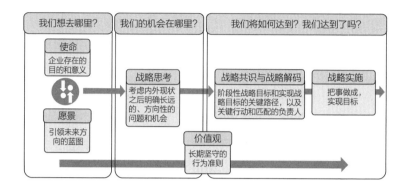

本书的重点将聚焦战略四重奏,接下来的章节会将四重奏逐一展开细说,我们还是希望下面的表格能提纲挈领地提供一些关键信息。

简单举例来讲:

◇ 比如:联想收购 IBM 的 PC 业务时,公司内部也颇有争议,杨元庆的队伍要往前发展,就去努力说服柳传志。这就是典型的战略思考环节,在极少数人的范围内进行探讨,而议题是关乎企业长远业务组合和竞争布局的重大方向。

◇ 又如:百度要不要涉足无人驾驶?少数两三人经过"战略思考"之后,这个议题是否会被拿出来让更多人讨论,并通过搜集充分的数据、征求专家的意见,做大量的可行性分析和情景模拟……这就是"战略共识"的过程,期间需要多人参与讨论,甚至展开热烈的辩论。不少中国企业缺少这个过程,或即便讨论了,坦诚和激烈的程度也远远不够,很快就和谐地"从"了上级领导的意志。我们提倡创

第 2 章 战略循环四重奏，从思考到落地

人群	主体人群 备注	核心目的	过程特点	关键产出
战略思考 关键少数人	● 一般为组织的一把手（可以是创始人、董事长、CEO、总裁等），及辅助一把手的最紧密的少数关键高管（如：副董事长、CFO等） ● 一般 3～5 人以内	● 思考长远的、方向性的问题和机会 ● 强调前后轴上的继往开来，追求组织的持续发展 ● 也强调内外打通（综合考虑内外部环境和资源，探适合自己组织的战略方向） ● 产生独特的战略洞见	● 可能来自一把手的远见和敏锐；可能是行业趋势驱动；也可能来自内外智囊/行业专家/投资人的提议 ● 常在很小范围内，以高度保密的状态探讨，并产生有倾向性的意见	● 长远的业务组合、方向性的想法（如：进入某个新的产业，从 B2B 延伸到 B2C 等） ● 产生制胜的独特洞见
战略共识 核心中高管团队	● 一般包括 CXO 和核心业务一把手，以及财务、HR、战略的最高层负责人 ● 团队应当限制在 15 人以内（易达成共识），但对于大型集团组织，可能上升至 30 人	● 强调横向打通 ● 关键是一把手周围最重要的人是否能跟上其思路，并且能够在战略高度上"拉齐" ● 鼓励倾听周围人有价值的意见	● 充分讨论甚至激烈争论 ● 可回顾初心、讨论并调整使命愿景 ● 对新战略形成共识和认同	● 公司中期战略，对未来 2 至 3 年公司发展方向、发展目标、业务组合、战略资源配置等的清晰描述

(续)

	主体人群		核心目的	过程特点	关键产出
	人群	备注			
战略解码	从高层、中层等多级管理者开始解码,直到解码到组织的每个岗位	• 根据高层解码,中层解码,层层往下,可能涉及很多参与人,包括各业务的负责人及其核心团队,最终到全公司的每一个人	• 强调上下打通 • 要找出若干个重点事项,制定详细的行动计划,安排资源,集中火力突破	• 充分搜集内外部信息和数据 • 制定挑战目标,激发承诺和投入感,上下同欲 • 群策群力,一起策划实现路径 • 挂帅到人,军令如山	• 短期(通常是一年)的必赢战役,战役"成功的样子",以及行动计划(即一年的作战地图) • 个人战绩效合同
战略实施	整个组织内的所有人	• 涉及全员 • 一把手和CXO们亲身投入密切跟进 • 以几场必赢战役的主帅(通常高管挂帅)及其团队为核心推动者	• 强调上下打通 • 核心在于用战略资源达成战略性使命,把战略真正落地、把事干成	• 需要有力的体系机制保障,倾斜资源攻克难关 • 也需要持续关注细节跟踪,不断复盘质询,及时灵活调整和优化 • 需要持续辅导,持续鼓舞军心	• 若干必赢战役的实质性成果及企业预算目标的实现

第 2 章
战略循环四重奏,从思考到落地

备注 1:

除了上述组织内部的主体人群外,还有一个重要角色人群。在组织转型变革时,很多企业会专门成立转型办公室,或变革工作小组,或 PMO(Project Management Office 即项目管理办公室),也就是由一个专业而精干的全职小团队负责组织转型变革的全过程,包括日常跟进和推动。这个工作小组被赋予充分的权力和资源,任任直接向一把手汇报。有时,也会有外部第三方咨询力量加入工作小组,帮助赋能和推动。

本书中多处提到的"工作小组",即为此意。

为了更加客观和全局地描述战略落地的步骤和重点,本文在描述战略共识、战略解码和战略实施的具体过程时,用了"工作小组"的视角进行阐述。

备注 2:

本书中,企业最高领导者、一把手等称谓是相互可替换的。可以是创始人、董事长、CEO、总裁等。就是我们平时理解中的组织中的最高决策者。为保持行文和表述的灵活度,我们不做刻意的统一。

造环境、营造讨论的场域,支持有胜负手的激烈较量,这些是非常必要的。唯有如此,才能形成真正的共识,才能让大家对新的战略方向有真正的认同感。

◇ 再如:京东每年都进行一轮战略管理循环。战略思考、战略共识、战略解码依次进行,之后推动战略落地实施。层次分明,不同层级参与不同环节,发挥各自的作用;节奏有序,各环节前后紧密衔接,有条不紊地开展。

同样需要指出的是:在实践中,参与的人群并非泾渭分明,也无须如此。比如:在战略思考时可能邀请个别特殊的内外部角色加入;在战略共识时也很可能在中层人群中遴选数位关键人物或高潜人才,既可丰富组织的"智库",也可历练人才。

本书主要章节结构:

第一重奏,战略思考

经典战略理论流派回顾	介绍较为经典的4种战略理论流派,并穿插评述
近年战略理论流派介绍	介绍近年来涌现的3种相对较新的战略理论流派,并穿插评述
企业实践中的战略思考	1)通过国外案例分析,归纳实战中的战略思考的要点 2)介绍中国企业在战略思考中的常见的迷思和误区 3)分享中国企业战略思考中的常见问题及对策(问答形式)
小结	扼要总结

而战略共识、战略解码、战略实施这三重奏,每章按以下结构展开阐述。以战略共识为例:

常见迷思和误区	介绍现实企业在战略共识方面的常见迷思和误区,并扼要提出观点和建议
战略共识:5+1核心要素	剖析优秀的战略共识要做到哪些关键点
战略共识的具体过程:理性烧脑,感性走心	介绍具体的工作方法和操作步骤(流程图+步骤详述)
战略共识操作中的常见问题	分享实操中的常见问题(问答形式)
小结	扼要总结

战略破局
思考与行动的四重奏

第 3 章

战略四重奏之一：
战略思考

战略思考

思维、理论、现实
的完美结合

企业家们纵然可以"拍脑袋"、凭直觉来思考战略，但我们需要一些东西来"垫底"，需要学习和了解商业世界中曾经有过什么，能让我们学习借鉴，站在前人的肩膀上出发。

本章中，我们帮助大家回顾战略理论发展中的重要里程碑，再延伸探讨企业在实战中如何做战略思考。

3.1 经典战略理论流派回顾

3.1.1 迈克尔·波特的战略理论

哈佛大学商学院的迈克尔·波特（Michael Porter）教授也许是全球战略学领域最出名的学者和教授了，全球50大管理思想家组织（Thinkers 50）称他为现代商业战略之父。

波特教授成名很早，1980年就出版了在现代商业战略理论界具有奠基意义的经典著作《竞争战略》，1985年出版了《竞争优势》，后又在《哈佛商业评论》发表了其最有影响力的文章《什么是战略》（1996）和《塑造战略的五大竞争力量》（2008）。

波特教授的战略理论工作，开始时围绕几个重大问题展开,如"为什么有些公司比其他公司更赚钱?""为什么有些行业比其他行业更赚钱?这对于战略制定意味着什么?""为什么有些国家或地区比其他国家或地区更成功?这对于全球化时代的企业意味着什么?"等等。

这点很重要,其实战略思考的一个重要的任务,特别是最高层领导人的任务,就是提出一些重要的问题。这些问题如果能够发人深省、启发心智,就能对战略思考和讨论做出重要贡献。如果这些问题问得惊世骇俗、振聋发聩,甚至有可能导致重大的战略突破!

波特教授的基本观点发人深省:

- **在波特教授看来,战略的实质,就是选择不做什么**

对于大量的中国企业来说,这是一个很大的挑战甚至是痛点。

过去40余年一路走来,一些中国企业面对巨大的多元化机会。有很多进入房地产、金融行业,或其他地方政府送上门来的商业机会,似乎不抓住就是犯傻!

在中国,一种重要的战略定力就是抵制众多的诱惑。

波特教授还在一次访谈中谈到了另外一种战略定力:有效抵抗资本市场对于短期利润"一根筋"式的追求。他认为,这种对于短期增长的追求对于战略和长期价值创造是有害的,他甚至强调说,短期增长的压力,是对战略的最大的威胁。在短期增长的思想和压力指导下,企业常常动作变形,偏离了自己原先设定的战略内涵,为增长而增长,为追求短期的增长而放弃了长期的战略制高点。

他进一步阐述说,在资本市场,分析师常常根据一组同样的指标来评判企业,这导致行业中的玩家都跟风学样,企业之间也不断地向所谓"最佳实践"学习,变得越来越趋同。

而根据波特教授的看法,企业在竞争中,不是要追求最好,而是要追求与众不同!

不是要在别人背后亦步亦趋,而是要走出自己的路。

- **运营效率不等于战略,战略呼唤独特活动和价值**

波特教授另一个非常重要的观点就是:运营效率不等于战略!

简单地说,运营效率就是力求做到多快好省。

企业的运营由产品开发、生产制造、销售交付、客户服务等一系列基本活动组成。在这些事情上做得好,是赢的必要条件,但却不是充分条件。

在同样的事情或活动上,比竞争者做得更好,就是运营效率高,但这不足以保证长期制胜;只有选择了独特的、不同于竞争者的活动,才有可能实现战略的独特性!

诺基亚手机曾经在产品设计、生产制造、营销交付、客户服务等活动中几乎做到极致,可以说在运营效率上做到了极致。但苹果凭借一系列独特的打法,例如 App 的生态体系、自己开发与控制的软硬件一体化、杰出的营销方式、独特的零售体系等,为客户提供了更高的、更特殊的价值,最后作为一个手机行业的外来者、后进生"逆袭"成功!

中国企业是提升运营效率的世界级高手！我们不断跟踪竞争者动态、不断进行行业对标，经历了几十年的奋斗之后，我们已经在很多领域变得比竞争者更快、更好、更省，因此赢得了全球的认可。

那怎样才能体现战略的独特性？

◇ 人家卖酸奶，追求的是酸奶的味道、价格和包装；你如果也一味追求酸奶的味道、价格和包装，不一定能取胜。但如果能设计出特殊的活动，比如将酸奶的研发、营销、开店的所有过程发布上网，CEO本人亲笔写好多篇心得，总结酸奶的配方、研发、包装设计、生产管理，把一些用心的小细节娓娓道来，让客户感觉"好像一直在伴随×品牌酸奶的成长"，那你就创造了战略的独特性。

◇ 你招徕了大批专业人员从事研发工作，不断提高研发人员的数量和质量，以期提高研发的产出；但别人在做这些的同时，还不断建立开放式研发的生态系统，让更多的学者、研究者一起参与研发，邀请大量的客户来"共创""众筹"产品设计方案，他们就创造了战略的独特性。

提升运营效率常常能靠模仿和抄袭实现，这将导致波特教授所说的竞争趋同。他认为，仅仅基于运营效率的竞争是一种终将导致两败俱伤的战争。在这种情况下，所谓的赢家只是资金更多、耐力更好罢了。

因此，在战略上，企业与企业家需要大声疾呼这样的口号：避免同质化、创造独特性！

- **企业需要持续的洞察力和创造性**

当然，要创造独特性相当不容易，因为需要洞察力和创造性。

这个世界对洞察力和创造性的要求越来越高，缺乏洞察力和创造性，就只能模仿别人、抄袭别人，在别人后面亦步亦趋。长远来看，这样的企业没有什么前途。

但如何持续产生洞察力和创造性呢？一种方法就是要眼观六路、耳听八方，对一切新的变化保持高度的警觉。

阿里巴巴是在互联网兴起之后发展起来的；社交媒体造就了腾讯；没有智能手机的普及，就不可能有 TMD（即头条、美团和滴滴）这些新兴巨无霸的强势崛起。可以想象，5G、人工智能将为世界带来更多更大的战略机会和腾挪空间！

- **迈克尔波特教授的战略"五力"模型**

另外，波特教授还提出了一个"五力"模型，可作为分析框架帮助我们产生洞察力和创造性，辅助战略思考。

波特教授的五力模型，把影响企业竞争的几大重要要素系统化地描述了出来。

他指出，行业竞争者、客户、供应商、潜在进入者和替代品这五种力量，界定了行业结构，决定了竞争的本质。因为这五种力量作用的差异，行业与行业之间的盈利能力也存在较大

差异。例如:证券经纪与交易、套装软件、医药和化妆品行业,就比航空业、宾馆业、纺织厂、石油天然气设备等行业的盈利高很多。

◇ **行业竞争者**:不同行业竞争的激烈程度不一样。激烈竞争之下,行业的盈利能力就会受到打击。企业要尽量避免陷入价格战。因为这是互相摧毁、造成双输局面的打法。但企业之间为什么会打价格战?最重要的原因还是同质化竞争,即企业间的特点、优势、打法都非常雷同。在某些竞争惨烈的行业,中国市场的竞争之惨烈远远超过欧美市场。正因如此,中国企业更需要谋求战略的突破和创新,而不是用战术上的勤奋来掩盖战略上的懒惰和无能。

◇ **客户**:有些客户议价能力很强,例如像沃尔玛这样购买集中度极高的公司,对于上游的中小企业甚至是大中型企业,都是话语权很大的客户。

一个市场上,高集中度的客户常是"双刃剑"。一方面他们可以给企业带来巨大的订单,使企业能够相对专注地为数量不多的几家客户提供贴身定制的服务,并通过迭代更新、持续改进,提升服务大客户的能力;但另一方面,大客户的议价权,又有可能大大侵蚀企业的利润,而且依赖少量大客户也往往让企业容易受人辖制,风险增高。

因此,企业就需要判断并决定,是寻找更多客户以分散风险,不把鸡蛋放在少数几个篮子里,还是持续提升与大客户的建设性关系,小心呵护好少数几个篮子里的鸡蛋。

◇ **供应商**:强势的供应商,也可以挤压企业的盈利空间。

越接近垄断的供应商、越拥有"独门绝技"即核心能力的供应商、越是掌握了稀缺资源的供应商,就越拥有话语权和议价权。如果企业想在强大的供应商面前赢得更多的话语权,可以先成为更好的买家,例如:付款及时、为供应商交付提供方便、参与供应商的研发过程等。但同时也需要有两手准备,防止被人"卡脖子"。华为在芯片上的长期布局,就显示了中国卓越企业的战略性眼光。

◇ **替代品**:与客户、供应商、竞争者相比,替代品是相当难对付的。因为你很可能找不到或看不到敌人和对手。替代品可能悄无声息,但却来势凶猛。

比如说,假设你原来为糖尿病患者提供胰岛素注射器,多年来你不断精进、加速迭代更新,慢慢在行业中崭露头角。但你突然发现,现在出了一款新药,服用方便,可以基本替代胰岛素的注射疗法。

再比如说,有了微信之后,我们完全可以通过微信语音或微信视频与人交流,而不见得一定要用电话来达到通话目的。还有,高铁出现之后,短途飞机航线被大量取消。高铁成功替代了很多飞机的航线。

替代品难对付,是因为你不知道它会从哪里来,它一开始常常在暗处;再说也不一定能估计它的来势。因此领导者需要时刻关注全局,特别是关注现在看起来还没有关联的新技术、新变化。

◇ **潜在进入者**:新进入的竞争者虽然处在明处,但当你看见它时,它可能已经把你吓了一跳。因为新进入的竞争者在长时间的潜伏、酝酿之后,横空出世,可能出手不凡。比如微信支付以方便、快捷等诸多优势极大地动摇了传统支付的根基。

任何一个市场上的玩家,都不会幼稚到认为别人不会进入。你做得辛苦,也许是你还没真正找到本质,缺乏最重要的洞见,千万不要假设你未来的竞争者也会去踩你踩过的那些坑,也不要假设别人也会花这么多钱,招这么多人,需要一段很长的时间才能赶上来。新进入者很可能看穿了你的弱点、产生了超越你的独特洞见;可能会用更简洁、更敏捷、更省钱的方法实现后来者居上、弯道超车。这种残酷的现实,也逼迫我们经常要对自己的业务做"万米高空的鸟瞰",不断自问:未来的竞争者将怎样来攻击我们?

波特教授的五力模型，提供了一个极好的思维和讨论框架，帮助我们对影响自身生存与发展的外部环境时刻保持警觉。

同时，这一框架，也成为企业高管对竞争环境进行动态观察和评估的工具，一个促进高层团队深度交流和沟通的方法论。

波特的理论尽管影响甚广，但也不乏批判者。哥伦比亚大学商学院教授丽塔·麦格拉斯就是其中重要的一位。

3.1.2 麦格拉斯的"竞争优势的终局"和"战略转折点"

麦格拉斯指出，时代不一样了，我们不能再用老的模型来探讨新的世界，我们也不能再过度依赖所谓的可持续竞争优势，如果我们找不到，那怎么办？

行业不再那么重要了！过去需要进行行业分析，因为很多企业与同一行业中的其他玩家竞争，而现在是在不同行业的玩家间竞争。例如，人们在 iPhone（苹果）手机等产品上花了很多钱，可能就没那么多钱去买衣服、外出就餐或者旅游了。事实上，iPhone 等产品是在跟餐厅、服装或旅游产品争夺消费者口袋里的钱。

麦格拉斯认为，未来成功的企业，并不一定是那些找到了"可持续竞争优势"的企业，而是那些善于找到新点子、将这些点子变成商业概念，并加以落地实施的企业。当然到后来时机成熟时,还要与原来的业务"断舍离"。

因此,未来企业既需要建立强大的前端,不断探索和孵化新业务,又要持续建设和优化后端,对不合适的业务进行"断舍离"式的手术。这样的新陈代谢、吐故纳新,才能使企业持续升级。

麦格拉斯强调,新时代的竞争需要领导者极度关注信息的快速传递,特别是内部信息的快速传递。过去管理者和领导者会对下属说"不要只告诉我问题,要给我答案",而今天和未来就不能这样,应该"一有问题就要马上彼此沟通,即使还没有想好答案"。整个组织需要变得更加坦率和直接,敏捷地应对现实。

麦格拉斯还非常关注战略与创新的融合。她认为,如今这两件事情越来越紧密地融合在了一起,企业要成为"创新能手"(innovation proficiency),就需要有创新基金、创新机制和创新人才,而且,企业需要系统性地通过创新建立竞争优势。

她进一步指出,创新过程中的一个障碍是业务领导者的KPI(关键绩效指标),特别是盈亏方面的指标。由于关注盈亏指标,企业的业务领导者在尝试新项目的时候难免畏首畏尾,因为新项目失败的可能性较高。因此有些企业的CEO就会配置创新基金,如果创新项目失败了,损失不算业务部门和业务领导者的;而创新项目成功了,成绩就算相关业务领导者的。

麦格拉斯在2019年的新作《见微知著》(*Seeing Around*

Corners）中，特别强调了战略转折点（Inflection Points）的概念。

其实，"战略转折点"这个概念，并不是麦格拉斯发明的。英特尔（Intel）已故前 CEO 安迪·葛洛夫（Andy Grove）在他著名的《只有偏执狂才能生存》（Only the Paranoid Survive）一书中就提出了战略转折点这个概念。他认为，在战略转折点上，旧的战略地图被新的地图所代替，使企业能够上升到新的高度。但是，如果你不能成功找到并跨越这个转折点，那你的企业就会先上升到某个高位，之后滑向低谷。

应该说，安迪·葛洛夫本人就经历并成功领导了几次战略转折点的跨越。

最著名的那次就是英特尔毅然决然放弃存储器业务，转向微处理器业务的过程。存储器曾经是英特尔的命根子，虽然受到高质低价的日本存储器厂商的猛烈攻击，但真要放弃存储器业务，对于英特尔的中高管们来说还是很难想象的。历史上曾经有过一场著名的对话：

时任 CEO 的安迪·葛洛夫和英特尔大名鼎鼎的董事长戈登·摩尔（Gordon Moore，英特尔创始人、摩尔定律的提出者）一起讨论公司未来。他问董事长：如果我们被干掉，再换一帮人来领导英特尔，他们会怎么做这个决定？摩尔犹豫了一下说：他们会放弃存储器业务的。葛洛夫说：那为什么我们不从这扇门走出去，然后回来自己动手？之后的故事大家都知道了，英特尔放弃了存储器业务，大力投资、不断升级微处理器的技术,并与微软合作形成 Wintel 联盟(Windows + Intel 体系结构),成为 PC 时代的独领风骚的"双雄"。

但这对 PC 时代耀眼的双雄,却没能及时预见或迅速跟进移动互联网的战略转折点,因而在移动互联网的爆炸性增长中屡屡踏空,直到微软的萨提亚·纳德拉 2014 年上台,大力推动"移动为先、云为先"的转型变革获得成功,才使微软市值突破万亿美元,重新走上全球舞台中心。

很多聪明绝顶的世界级企业最高层领导者,为什么会在战略转折点到来之际看走眼、踏错步,从而遭遇重创甚至灭顶之灾呢?柯达、摩托罗拉、诺基亚这些血淋淋的断崖式衰败的故事,其原因已经有过大量分析与会诊。但重要的是:未来如何避免这种灭顶之灾呢?

对此,麦格拉斯则提出了"到边缘去"的建议。她这里说的"边缘"有非常丰富的多重含义。"边缘"可以是黑白、好坏、胜负、输赢的临界点,也可以是战场中最关键的前线,是"听得到炮火声"的地方,甚至是决定整个战争成败的节点。但麦格拉斯也发现,很多企业的高管常常只是在总部正襟危坐,高高在上地发着指令,而并没有在前线、在战场、在决定胜负的地方出现。

麦格拉斯教授提出了 8 条具体建议,帮助高管们能够"走入边界和边缘",以见微知著,尽早地感知那些具有深远、重大影响的力量。

1）建立直达一线的信息流动机制，将战略制定者与一线人员链接起来

麦格拉斯认为，高管们之所以会错过战略转折点，常常是因为他们听不到来自一线那些真正了解真相的人的声音，久而久之，这些高管形成了对世界的错误认识、错误判断。

建立这种直达一线的信息流动机制有多种方式，例如，杰克·韦尔奇喜欢采用"深潜"工作方式，好比不匿名的微服私访，就是一个猛子扎进去，一直到最基层，直接从员工那得到变革所需要的信息；IBM 的前 CEO 也喜欢召集所谓"深潜会议"，突破组织架构的等级约束，邀请那些对某些事情有深刻观察和洞见的人参加会议。

跨级的沟通和会议是一种好方法。当然在很多企业不少人对这类做法有担心，觉得会助长所谓的"越级管理"，破坏组织规矩。因此，麦格拉斯教授认为，最重要的是创造一种让人感到安全、放心的方式来促进这种跨级的信息流动。例如，有的公司用电脑随机选人，邀请基层和中层干部与高管一起吃早餐；有的组织要求高管每季度要有一天在一线门店干活；还有的企业要求高管每月汇报从与客户的直接接触中得到的一手信息，等等。

2）尽全力鼓励并促进团队和组织的多元性、多样性

多样性可以是种族、地域、出身、教育背景、社会地位、经济条件、语言、文化、个性、思想和价值观等多个维度意义上的。

拥有多样性的团队和组织，通常氛围宽松和开放，各种思想可以自由碰撞，这对发现新现象、解决新问题有极大的好处。

但不同组织中的领导者，用人难免有偏好。麦格拉斯举例说，曾有一段时间，Facebook（脸书）的创始人扎克伯格发现身边的高管都毕业于"常春藤"学校，而这些人容易有类似的成长环境、生活方式，甚至人生观和价值观，这让他们难以去想象 Facebook 所链接的几十亿人中大量"其他类别人"的生活形态，造成了这些高管们的盲区，也成了 Facebook 的盲区。

在我们国内，不少企业的 CEO 也有这种用人偏好，造成物以类聚、人以群分的现象。例如，我们曾耳闻某位 CEO 明确地说："我就不喜欢用那些喜欢说话、夸夸其谈的人。"也有 CEO 说："我就欣赏毕业于北大清华的高管。"还有一位 CEO 甚至带着明显的偏见说："我就不请有'苦大仇深'成长背景的人，这些人常常心理变态。"我们也不时观察到，有些公司用人有地域偏好，尽量不招非本地的；也有的公司不但领导团队是清一色的男性，甚至在整个组织中男性都在数量上占压倒多数。这些用人方面的喜好、短视甚至偏见，阻碍了团队甚至组织的多样性和多元文化的打造，放大了自己的盲点，也限制了自己对世界实施"广角扫描"的能力。

3）用深度思考来决策高风险、难逆转的事物，用敏捷、赋能的小团队进行低风险、可逆转的创新

麦格拉斯在《见微知著》一书中指出，亚马逊创始人贝索斯把决策分为两种：高风险、难逆转的决策和低风险、可逆

转的决策。在亚马逊，贝索斯大力推动以小团队进行低风险、可逆转的决策并采取行动。他充分授权10至12人的小团队对低风险、可逆转的议题进行快速决策和推进，而不需经历庞大的官僚体系的审查。这在很大程度上冲击了大型组织的官僚体制，提高了组织的敏捷性。

但麦格拉斯也指出，如果这套做法轻率地被用到高风险、难逆转的决策上，也可能会带来重大问题。她认为，Facebook可能过度赋能了那些敏捷小团队，因此造成了前段时间爆出的数据安全和竞选受到恶意干预的重大事件。

4）把收集自一线或"边缘"的声音和点子工具化，通过"下小注"式创新，在全公司推动组织学习

这里，麦格拉斯教授举了Adobe的例子。Adobe创造了所谓的"散打计划"，向全公司征集点子和建议，这些点子和建议真正体现了"智慧在民间"的道理，但通常因为等级森严和部门墙，因此难以脱颖而出。

这一计划是Adobe的首席战略官和创意副总裁伦达尔提出来的。在Adobe从包装软件到云软件服务模式转型过程中，伦达尔仔细研究了公司究竟是如何进行创新活动的。他访谈了非常多的员工，发现这些对客户有洞见、有创新想法的员工在组织中遭遇了很多挑战：产生创意不是问题，问题在于要和整个官僚体系做斗争以获得支持并采取行动。于是他设计了所谓的"散打计划箱"工具。

任何人都可以申请一个"散打计划箱"，里面有一些创意

小文具，有巧克力，有10美元的星巴克赠券，但最重要的是里面还有一张1000美元的花旗银行预付券，你可以自行决定如何花这笔钱而不需领导批准或填报账单，爱怎么花就怎么花。

每个员工都可以申请这种"散打计划箱"来尝试一个新点子，没有期限，没有成果也不会有惩罚。

公司鼓励（但并不强求）申请"散打计划箱"的员工参加一门为期2天的创意课，帮助他们理解如何把创意变成现实。Adobe的"散打计划箱"还设置了六道"打怪通关"的环节，每关都有一些建议和问题。打怪通关成功，就能有机会向最高管理层沟通他们的创意，并得到一个"蓝色散打计划箱"的奖励。

这一计划看起来是化整为零，把一笔钱分成多份，好像在组织中创建了一个风险投资机构。因为每笔投资数量较小，因此可以向公司内部广撒种子，让有创意和冲劲的员工放开了尝试，相当于广泛地"下小注"，希望最后以小博大。这一计划显然对于组织收集微弱信号、链接前线员工、塑造创新创意文化很有帮助。

5）走出大楼，拥抱现实

麦格拉斯的第五条建议比较显而易见，走出大楼、走向一线、拥抱客户、拥抱基层员工。高级管理者和领导者需要建立起这种意识，并且切实把这些与现实的交互落实为行动；组织也可以考虑制度性地保证高管们走出大楼，更接地气，获得灵感。

6）奖励那些有用但可能刺耳的信息

麦格拉斯提出，要创造奖励机制来收集那些有用但可能刺耳的信息。

企业固有的商业模式、成功诀窍和领导偏好，以及伴随而来的绩效目标和激励手段，都有可能屏蔽甚至打压一些虽有价值但可能令人尴尬、惹人讨厌的信息。

几年前，百度竞价排名机制因为存在付费竞价权重过高、商业推广标识不清等问题，影响了搜索结果的公正性和客观性，因而严重误导了消费者。试想，百度的商业模式，一定会以绩效指标和激励机制加以强化，使得内部员工即使发现了严重的问题，也很难或者不愿意向上反映。但与其被动挨打，还不如鼓励自我揭短，补好自己的漏洞，以防遭遇灭顶之灾。

在各类企业中，员工不愿说刺耳的真话、不愿自我揭短是很可以理解的。但员工刺耳的真话中，常常蕴藏着重大的信号和有价值的洞见。因此，组织需要通过建立奖励制度，特别是营造心理安全感和讲真话的文化，鼓励员工大胆建言甚至自我揭短。

7）避免否认

事实确实如此，我们很容易否认跟我们的直觉、心智模式相左的事物。很久以前，凯撒大帝就说过"人们只会看到自己想看到的东西"。我们很容易听而不闻、视而不见，拒绝我们已经看到、听到但与我们认知相悖、与我们心愿不符的事物。而这些我们拒绝或否认的事物，很有可能蕴藏着战略转折点的微弱信号。

8）与未来对话

科幻小说作家威廉·吉布森说过："未来已来，只是分布不平均而已"。麦格拉斯教授也提出，我们需要不断寻找与未来对话的机会。

比如她说，如果我们希望知道十年后20多岁的人如何思考、如何看待世界，我们就应该开始找现在只有10岁的人去对话。此外，在任何一个大会上，都有人会讲可能会对未来有价值的观点和看法。

麦格拉斯教授还特别举了一个例子，她在哥伦比亚大学的同事佛兰克·鲁斯发起了一个"数字化讲故事"项目，专门探索数字科技如何影响我们分享故事、电影、体验的方式。鲁斯还创建了一个比赛，让全世界运用数字技术来记录和传播的弄潮儿、先驱者都来参加比赛，从这些参赛项目和参赛人才中，你就可以看到未来。

麦格拉斯教授反复强调的是，未来不是突然到来的，战略转折点也不是突然降临的。我们需要跟未来对话，去采访那些刚刚开始的人和事。这样才能先人一步地感知到未来的微弱信号，以及其中酝酿着的可能的战略转折点。

她还打比方说：雪是从边缘开始融化的；那些可能对你的业务发生重大影响的力量，正在边缘处孵化。因此，要走向边缘，见微知著，力争占得先机。

3.1.3 钱金的"蓝海战略"

2019年，Thinker 50组织把战略管理著名学者钱金（W. Chan Kim）选为"全球50大管理思想家"头牌，为什么？

钱金是INSEAD商学院的战略与管理学教授。最为人称道的是他和合作者莫博涅在2005年提出的"蓝海战略"。

钱金和他的合作者认为，大部分企业都在"红海"拼死厮杀，度日如年。

所谓红海，就是已知市场、已知客户、已知行业竞争规则、有明确行业边界的领域。在红海中，参与的竞争者都试图打败对手，甚至打死对手。它们的出发点主要是获得更大的市场份额。

而所谓"蓝海"，就是尚未存在竞争或剧烈竞争的新市场，是目前可能还不存在的行业，是未知的、尚未被侵入的市场空间。你抓的是新客户群体，满足的是新的客户需求。

蓝海战略的特点是创造客户需求，而不是与竞争者拼抢客户。 因此，实施蓝海战略的企业可以取得盈利的快速增长。

孟加拉国格莱美银行的小微贷款，也许是"蓝海战略"的一个很好的例子。大多数银行更愿意跟有钱人、有资产的人做生意，而格莱美银行发现了新的客户：那些赤贫如洗的农民，他们需要一些钱去做小本买卖或从事农业生产，但他们没有信用、没有抵押品，本不是银行的目标客户，也不存在穷人金融服务这个市场。格莱美银行发现了这类客户，找到了这个市场，通过巧妙的模式设计，成功实施了自己的"蓝海战略"。

钱金指出，开创蓝海的方式有两种：开创全新的行业，例如网上交易平台；或者改变行业的边界，从红海中开辟出一片蓝海。

红海战略，就是和竞争者拼个你死我活，最后甚至可能同归于尽。因此钱金也批评了"竞争优势"的概念，因为这样的主张造成企业不断致力于在竞争中打败对手。

而蓝海战略，就是不和你争，你打你的，我打我的。这正应了老子的智慧：夫唯不争，故天下莫能与之争；也应了孙子兵法的智慧：不战而屈人之兵，善之善者也。

据钱金说，蓝海战略是基于100多年的数据，通过对超过30个行业的150多个蓝海案例进行深入分析和研究提出的。每过10年、20年或者30年，都会有新的行业产生，美国的行业分类法也因此不断地迭代更新。从这些层出不穷的新行业中，可以看到一片片蓝海被发现、被创造、被服务。

钱金也提出，以企业和行业作为分析单元是错误的。根据蓝海战略的思维，**最恰当的分析单元是战略举措**，就是为推出创造性业务而采取的行动。企业难免起起伏伏，难保永远优秀或卓越。从汤姆·皮特斯的"追求卓越"，到吉姆·柯林斯的"基业长青"和"从优秀到卓越"，我们看到很多卓越企业现在都不行了。但这些企业曾经辉煌过的阶段，它们所采取的很多战略举措,确实是通过实施蓝海战略取得卓越业绩的。

我们认为,企业和行业分析仍有其价值,但分析战略举措确实为我们提供了一种重要的思维方式、一个新的切入视角。处于不同阶段、不同类型的企业,都可能有令人称道的战略举措。阶段性的胜仗、局部性的胜仗中都可能蕴藏深刻的洞见、精妙的设计和伟大的将领。

钱金还提出了蓝海战略背后的逻辑。他指出,蓝海战略并不一定依赖技术创新,而是常常运用已有的技术;企业也无须进入自己不熟悉的领域来开创蓝海,很多蓝海战略的实施者确实就在自己原有的领域实现了价值创新。钱金和他的合作者反复提到了加拿大"太阳马戏团"的案例。

曾几何时,马戏行业长期不振,一方面受到体育赛事、电视、电子游戏等新兴娱乐方式的冲击,另一方面动物和明星的表演成本愈来愈高,行业吸引力变得越来越差。

但太阳马戏团却异军突起,业绩骄人。为什么?他们自己说是"重塑了马戏表演"!怎么重塑的?太阳马戏团根本就不与传统马戏团竞争,不去拼命厮杀争夺更多的马戏观众。

太阳马戏团找到了一群新客户,一群已经不看马戏,而是热衷于看电影、看歌剧、看芭蕾舞表演的成年观众。他们更有钱,可以支付数倍于传统马戏的票价。

找到原来不是客户的客户群体,这个概念很好,但说说容易,做起来何其之难!太阳马戏团是如何做到的呢?

太阳马戏团独辟蹊径,他们没有找更有名的明星,没有找更搞笑的小丑，也没有全世界寻觅奇怪的动物（在动物保护组织的抗议下这事越来越难了）。他们重新定义了什么是马戏。他们在向成年观众提供马戏表演的乐趣和刺激的同时，加入了戏剧的情节表演和艺术内涵。

他们的马戏吸收了百老汇的做法，每场表演都有主题和情节，而且不断有新的主题和情节，这都是传统马戏表演所没有的；每场演出都配以原创音乐，用音乐来带动表演；此外，太阳马戏团还在演出中加入了创意舞蹈，大大提升了表演的观赏性，使观众不断当回头客，极大提高了收入和利润。

他们并没有摇身一变，完全脱离马戏，而是对传统马戏的内涵进行认真分析并做出取舍。他们对传统马戏的改造都是以洞见来驱动的。

例如，它们发现动物表演成本高，但观众越来越不感兴趣，很多人关注动物的待遇和使用动物表演是否道德。这样不用动物表演就会大大降低成本，且对客户体验的影响不大。但是他们保留了小丑表演，并把小丑表演改造成更有魅力和内涵的表演；同时他们把传统马戏表演的帐篷设计得非常漂亮，大大提升了观众的体验。表演中的刺激性内容分量下降但有所保留，艺术性内容占比提升。

经过这样的改良和改造，太阳马戏团降低了成本，但反而为某类客户带来了超值的体验和服务，这就是钱金所说的价值创新。实施蓝海战略的企业，一定实现了成本下降、价值提升的价值创新；也就是同时兼顾了差异化和低成本。

在战略学说中，一直存在着 2E 的说法。也就是企业永远都要做 Exploit（榨取）和 Explore（探索）这两件事。既要拼命榨取现有业务、现有客户的潜力；也要不断探索新业务、挖掘新客户。理论上，我们是需要"两手都要抓，两手都要硬的"。但事实上，我们要么过早地放弃了"榨取"的策略，即过早地放弃了挖潜的功夫，太早"移情别恋"，这山望着那山高；要么在"探索"方面过于保守，或者缺乏章法，乃至损兵折将，又增加了未来探索式创新的心理成本。

太阳马戏团的例子给了我们很大的启发：不跟传统的竞争者在同一个竞技场上死拼和纠缠；而是另辟蹊径，找到新的客户和他们新的痛点，然后改造产品和服务，最后造出既不是马戏、又不是歌舞剧、也不是芭蕾的"三不像"的新物种。这种变革和创新，因为敢为天下先，一下子征服了一类客户，让太阳马戏团声名大振，也一定程度上阻击了后来的模仿者。用钱金的话来说，这类实施了蓝海战略的企业，一般可以在 10 至 15 年里坐享收益，而不会遇到具有实质性意义的挑战。

江山代有人才出，各领风骚数百年。在疫情的影响之下，太阳马戏团遭遇了重创，已有裁员 95% 和破产的消息传出。经历了多年的辉煌之后，太阳马戏团是否也到了战略转折点，需要凤凰涅槃，浴火重生？

3.1.4 罗杰·马丁的"赢战略"

罗杰·马丁（Roger Martin）曾是多伦多大学罗特曼管理

学院的院长。他近年来常在 Thinker 50 名单上名列前茅，2017年还力拔头筹。

马丁教授提出了"整合思维"（integrative thinking）理论，这是他对管理学的重要贡献。

整合思维是指在思想意识中同时拥有两个看来是相互对立的观点，然后加以融合，创造出一种更好的解决方案。

马丁教授也把这种整合思维运用到战略思考、战略规划过程中。

在马丁教授看来，重要的是要把问题变成选项，要充分地考虑不同的可能性。很多领导团队都会深入考察3到5种可能的选项，至少要提供两种新的可能性，否则就无法进入真正的战略制定过程，也就是说，如果团队根本就不面临抉择，当然会延续现行做法不变。

马丁曾经举过宝洁当年的例子，来阐述战略中的整合思维。

曾几何时，宝洁希望成为全球美容护肤品领域的巨头，但却缺少一个厉害的护肤品牌。当时，玉兰油还是一个属于低端市场和成熟消费者的小品牌。

宝洁应该怎样做呢？是花大气力提升玉兰油的品牌实力，使之能与欧莱雅、娇韵诗等品牌匹敌；还是花大价钱（比如几十亿美元）去收购一家现有的大品牌？这就是战略抉择中常常会遇到的两难问题。当时宝洁就提出了五个不同的选项，通过辩论和验证，最后做出决策。

马丁教授的战略管理框架,在他和宝洁前董事长雷富礼合著的《宝洁制胜战略》中得到了非常好的呈现。

马丁教授等的战略五步法非常简单、易懂,方便操作。在一个日益复杂的世界和企业经营环境中,能够找到一个简单并且容易操作的战略讨论模型是一件莫大的好事。这也是为什么我们在实战过程中常常推荐马丁教授的"赢战略模型"的重要原因。

马丁教授的战略框架强调选择,战略就是选择。他的框架围绕着五大问题也就是五大选择展开战略思考。用他的话来说,他的战略框架,就是五大选择、一个框架(或模型)、一个流程。这五大选择或五大战略问题分别是:

1. 什么是你的雄心和目标?你的企业的目的和鼓舞人的东西是什么?
2. 你的战场在哪里?你选择在哪里竞争?
3. 你如何赢?在你所选择的战场上,你如何赢得胜利?
4. 你需要拥有怎样的能力才能赢?
5. 你需要拥有怎样的管理系统来保持能力并支持战略选择?

这五大问题看起来简单易懂,因此很受高管团队的欢迎。当然,要真正回答好这五大问题,需要周到设计、有效管理一场集体性的讨论和辩论过程。

很多组织及其高管团队对第一个问题就很难达成共识。到底什么是**整个领导团队和整个公司的雄心和目标**？这个问题其实反映了每个高层团队成员内心的火焰、冲动、对整个世界的看法、对自己企业的现状的认知等；同时也映射出每位高管个人的激情所在，以及每位高管与这个组织的情感链接。

在实际的辩论中，不少高管用了这样一些词来描述自己对公司的雄心：最大、最强、最赚钱、市场占有率最高、增长最快、市值最高，等等。也有一些高管会用到一些充满理想色彩的词来形容他们的雄心：伟大的企业、最受客户青睐的公司、改变世界、行业的领导者、行业的颠覆者，等等。

这样的讨论，在高管团队的层面，有助于重温甚至刷新企业的初心、使命和目标，是一家企业常常需要做的事情。企业的一把手也可以通过这个过程，既刺激并升华自己和整个团队的雄心，又观察或感受整个班子与这家组织内心的链接，还有机会看到团队成员的格局、站位和眼界。

你的战场在哪里？你选择在哪里竞争？ 这个问题，问的其实就是你的战略的边界。

首先，战场并不只是一个地理概念，而是有多维度的含义，可能包括地理位置、细分客户、产品/服务类别、价值链上的位置等。同样是药企，可以只做药品的研发，也可以只做药品的分销和推广，当然也可以全价值链地进行药品的研发、制造、分销和医疗服务。

这一问题对很多企业来说并不都是显而易见的，企业高层对此常常分歧很大。这种分歧，反映了高管团队成员对市场机会和企业自身能力的综合判断,也反映了他们对企业未来的不同看法。高管团队成员各自的个人兴趣和经历、业务专长、当前或将来可能承担的责任,对他们如何回答这一问题都会产生影响。

显而易见,对于一家企业来说,选择战场可能是最重要的决定。战场的选择,很大程度上影响了企业的资源投入和商业模式。环境可能发生剧烈变化,因此关于战场选择的讨论不可能一劳永逸。

事实上,一家敏捷有活力的企业,需要经常性地在高管层面进行"在哪里竞争"的讨论。

选择了战场之后,不管看起来是红海还是蓝海,企业要决定的是**如何去赢**。"在哪里竞争"和"如何赢"这两大问题,是紧密相连的两大问题,无法脱离彼此单独存在。因此在讨论如何赢的过程中,企业及其领导团队也时不时会重新检视一下在哪里竞争的问题。

关于如何赢的辩论,常常是最激烈的辩论!

为什么关于这一问题的辩论最激烈?因为在很多公司中,很多人对如何赢的思考常常千差万别,公说公有理、婆说婆有理,这是一场理性与情感纠缠在一起的辩论。但事实上,高层团队对这一问题能够吵起来、辩论起来反而是好的,怕就怕辩论不起来,最后只能靠一把手来拍板。

如何赢?是否比别人做得好一点就可以赢?是否比竞争者更快、更便宜、质量更好、服务更周到就可以赢?在这个大家都在"比学赶帮"、如饥似渴地探索最佳实践的世界里，永远都会出现你强我更强、你贱我更贱的玩家。这也是为什么这么多的企业其实都生活在水深火热的红海里的原因。

因此，"与其更好不如不同"就变得更为关键。一家企业如何以独特的方式，为客户提供独特的价值，常常可以左右成败。但往往就在这点上，很多企业和企业的高管常常很难说出自己的企业如何提供以及提供了怎样的独特价值。

马丁教授指出，在"如何赢"这个问题上，企业需要遵守以下几条原则：

◇ 即使现在还没有找到真正独特的"如何赢"的战略选择，还是要努力去找；现在没有，并不意味着你不能创造出独特的"如何赢"的战略选择！
◇ 如果千方百计上下求索而未果，那就要考虑离开这个战场，去寻找一个新的战场；
◇ 把"如何赢"与"在哪里"结合起来研究，让两者互相强化，这样才能为企业创造出一个强大的战略核心；
◇ 不要假设行业大局一定不可改变。行业中的玩家做出怎样的选择，事实上会改变大局，行业状态是可以改变的；
◇ 在哪里、如何赢，不只是前端客户界面的事情，中后端如职能部门都要这样去想问题、做抉择；
◇ 如果已经胜券在握，就制定游戏规则，并且更好地玩好这一游戏；如果赢不了，就要改变游戏规则，创造新规则。

马丁教授的"赢战略"的第四个关键问题是，决定了在哪里竞争和如何赢，你需要拥有怎样的能力？

有了能力再打仗，还是为了打仗去培养能力？这是一个先有鸡还是先有蛋的问题：你是应该从现有能力出发去规划在哪里竞争及如何赢呢？还是决定了在哪里竞争和如何赢之后再考虑能力问题？马丁教授和他的合作者，宝洁前董事长雷富礼是这样看的：应该从企业的雄心和目标出发去思考并构建能力，因为现有的能力不一定是客户与市场所需要的，现有能力也不一定是未来竞争所需要的。因为你的战略（在哪里竞争、如何赢）是独特的，因此你的战略能力也应该是独特的，超越竞争者和超越竞争的。因为你拥有独特的战略能力，那你就一定拥有独特的企业经营活动，能在这些独特的经营活动中体现出你独特的能力。

全球运动品牌 Nike 的"赢战略"的一个关键点是品牌创造和建设。Nike 通过邀请杰出运动员代言品牌，让网球、篮球、田径等运动场上活跃的世界顶级运动明星都穿戴 Nike 的装备。Nike 拥有全球最强大的发现未来运动明星的能力，拥有强大的运动员数据分析能力以及与运动明星建立长期伙伴关系的能力，会长期收集、跟踪、分析运动员数据，并与高潜力的未来运动明星交往和互动。这些活动的高质量完成，这些活动所积累的知识和能力的持续升级，造就了 Nike 强大的品牌能力，成为 Nike "赢战略"中的核心一环。

得益于杰出运动明星的代言计划，Nike 找到了与全球顶级运动员进行深度交流的机会，为Nike产品设计提供了大量的灵感和洞见，事实上加持并强化了Nike的产品创新能力。Nike强大的品牌建设能力和产品创新能力互相加持、相互强化、相得益彰，为Nike创造了可持续的成功。

因此，在确定了在哪里竞争、如何赢之后，企业需要持续创造、建设、优化、升级独特的、能够互相强化的能力群，通过这些"组合拳"，形成自身独特的"撒手锏"。

"赢战略"的第五个问题是，你如何创造管理体系，以建设并持续升级你的能力来支持你的战略？

如果以为明确了企业的雄心和目标、清楚界定了竞争的战场、深刻思考并创造了如何才能赢的战略要点、明确了赢战略所需要的能力，就意味着万事大吉、百战百胜了，那就真的太天真了。

如果没有有效的管理体系，不断地升级"赢战略"所需要的核心能力，企业再好的战略思考和共识都是空中楼阁、纸上谈兵。

但需要如何建设管理体系，才能强化并持续升级能力呢？亚马逊创新管理体系给了我们极大的启发。

毫无疑问，亚马逊是全球最富创新精神的公司之一。强大的创新能力使亚马逊持续推出新的产品和服务：Kindle阅读器、云计算、Prime金牌客户服务体系、无人驾驶供应链、Alexa智能语音助手、亚马逊流媒体影视节目、Amazon Go "即拿即走"实体店，等等。这种强大的创新能力靠的绝不是

一个简单的流程或什么创新部门,而是一整套组合拳式的创新体系和亚马逊强大的创新文化的有机融合。例如:

1) 亚马逊的创新文化:

- 每天都是第一天,创业创新永远在路上。要永远抱有第一天创业时的激情和对未来的憧憬、无与伦比的动力来面对今天的工作!每天都清零、都去创业、创新!
- 客户痴迷文化:对于亚马逊来说,创新的出发点应该是客户,创新的终点也是为了客户;为了客户,亚马逊可以说是无所不用其极。当一款产品被两个不同客户抱怨,前线人员马上可以决定下架;亚马逊对领导者的14条要求中第一条就是"客户痴迷";另外亚马逊有一套"空椅子"的做法,开会时放一把空椅子,好像客户就坐在上面,每讨论一件事都会问问客户会想什么、会有怎样的反应。

2) 亚马逊创新组织:

- 两张披萨的小团队:亚马逊强调敏捷小团队的模式。每个团队规模最好不超过6至8人,能够用两张披萨饼喂饱。这样的小团队没有太多的扯皮和官僚作风,行动快、掉头方便,大家都会有点自己做老板的主人翁精神;
- 招聘过程中的"抬杠者"(Bar Raiser):所谓"抬杠者",主要目标是持续提高新招人员的水准。抬杠者可以否决录用的决定，要确保新招聘入职的人至少超过现有团队的中间水平；

◇ "两个比没有好"：允许两个团队搞出一样的或高度接近的东西；

3）亚马逊创新机制：

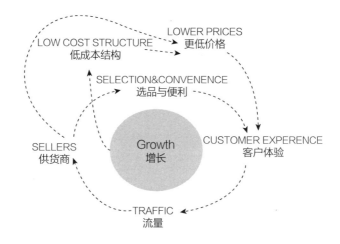

◇ 亚马逊的"创新飞轮"理论（见上图），其源头是强调客户体验，任何事情的出发点都是客户体验，好的客户体验带来客户流量，客户流量产生更多的业务，增加了客户下单，因此也集成了更多的供货商为客户提供更多的选品；在管理体系上的投入和大量的集成采购能降低商品的成本、提升效率，让客户获得更低的价格和更好的服务，从而形成了一系列完美的客户体验，由此进入下一个更高层次的循环；

◇ API 授权：贝索斯要求整个软件团队在搭建应用程序的时

候，必须向其他团队通过 API 公开数据和功能。这样，团队间可以快速、灵活地通过 API 调用其他团队的服务、数据，促进组织内部的迭代更新，实现协同与敏捷；
◇ "新闻稿"：亚马逊员工有一个创新点子需要投资立项时，首先要就这个点子写出"新闻稿"，要明确地写出这个点子或项目对客户到底有什么价值，为什么值得做。因此亚马逊的任何一个创新，都是从消费者真正的需求出发进行逆向工作的。

以上介绍亚马逊保持创新能力的实践当然不是全部，但至少可以看到亚马逊是如何系统性地强化和升级自己的创新能力的。

归纳一下，马丁教授和他的合作者的"赢战略"模型，通过对下列五大问题的深入思考、讨论和实施，不断升华战略思维和战略思维的能力，以促进企业的可持续成功：

1. 什么是你的雄心和目标？你的企业的目的和鼓舞人的东西是什么？
2. 你的战场在哪里？你选择在哪里竞争？
3. 你如何赢？在你所选择的战场上，你如何赢得胜利？
4. 你需要拥有怎样的能力才能赢？
5. 你需要拥有怎样的管理系统来保持能力并支持战略选择？

3.2 近年战略理论流派介绍

上一节我们回顾了自迈克尔·波特提出其竞争战略以来的几种经典战略模型,希望能起到温故知新的作用。近些年,伴随着创新商业模式的出现,也有些颇有分量的战略理论流派涌现:

3.2.1 平台战略

说起来,平台商业模式和战略也不算特别新的事物,平台商业模式和战略已存在多年。

信用卡行业就采用平台商业模式:信用卡公司链接了消费者和商家,使两端可以方便地进行交易,并作为提供链接服务的平台,同时收取交易手续费和延迟还款的利息(滞纳金);菜市场也采用平台模式:先是引进农民、种植户,然后吸引客户来菜市场采购蔬菜、家禽、鱼鲜、肉类和水果等;机场也采用了平台模式和战略:机场获得国家牌照,链接了航空公司和旅客,同时通过经营非航业务,例如引进各类商家为航空公司和旅客提供服务;电视台也采用平台模式:把节目提供商、观众和广告商通过平台链接起来,创造了庞大的电视新闻、娱乐和广告业务。这样的例子不胜枚举。

但最近几十年,随着数字技术的迅猛发展,平台战略和商业模式的发展更加风生水起,新的应用解决方案层出不穷。麻省理工学院斯隆商学院著名教授迈克尔·库苏马诺和他的合作者在《平台业务》（*The Business of Platforms*）一书中提出，世界上市值最高的企业和最先超过万亿美元规模的公司，都是平台性组织。

例如，微软、苹果、亚马逊、Alphabet（谷歌母公司）、Facebook、阿里巴巴、腾讯都是平台公司。还有后起之秀蚂蚁金服、优步、美团、滴滴出行、小米、Airbnb（爱彼迎）等也都是平台型企业。库苏马诺教授还估计，另外有200多家独角兽企业中的60%至70%也是平台型企业。

库苏马诺教授把平台分为交易平台和创新平台。创新平台包括微软视窗、谷歌安卓、苹果IOS、亚马逊云服务等，它们为第三方创新者提供了技术的底层模块，可以借此开发出很多创新产品；而交易平台包括亚马逊商场、谷歌搜索引擎、Facebook、阿里巴巴的淘宝、优步等，它们是提供产品或服务交易的线上商城。

目前看来，全球一系列创新平台的发源地大都在美国，而中国的很多平台主要还是交易平台。在中国开发出新的创新平台固然是我们应该拥有的雄心，但交易平台的机会在中国可能是层出不穷的。

平台型商业模式看起来好像很时髦、很"性感"，但是库苏马诺认为，要经营好平台型企业却一点都不容易，也没人可以保证平台型商业模式一定可以获得成功。在很多行业，平台模式并不一定比单一产品更能赢得竞争或者获取利润。只有当企业能够更好地从外部博采众长、并且通过借力打力更能够实现高效经营时，平台模式和战略才更有优势。

苹果的 App 商店就是一个很好的例子。亿万开发者和客户通过 App 商店连在一起，这些独立开发者借助苹果的平台，开发出几百万个应用，其开发出来的 App 应用的种类、数量和质量都不是苹果内部开发部门所能企及的。苹果 App 商店这个平台借助了开发者这个生态圈，同时也更加丰富了开发者的生态。

平台型企业一般会把双边或多边的参与者链接起来。例如优步和滴滴首先把车主或司机与乘客链接起来，平台提供了以人工智能为核心的链接应用解决方案，链接了亿万乘客和司机；然后又可能链接其他的平台参与者，例如为司机或乘客提供保险的公司、广告公司、其他商户（如餐厅等），慢慢从双边平台演化为多边平台。

平台模式和战略要想成功，平台就要不断创新并提升自身的吸引力。《平台业务》一书提出了一种简单的平台战略即"come and stay"，也就是"吸引和保留"。平台模式刚刚开始时，吸引参与者难度很大，常常需要巨额补贴才能吸引参与者加入。

根据杰弗里·帕克等人所著的《平台革命》一书的介绍，当年阿里巴巴发展初期，公司提出要求，每位员工要列出并找到个人或商户出售的 2 万件商品，可说是全员营销才促进了网络效应的"大爆炸"。滴滴出行早期派人到北京火车站拼命招揽司机，也是锲而不舍、屡败屡战，同时再全力邀请乘客下载 App，这样两头发力，一步一步建立起司机和乘客的链接。

长远来看，平台模式和战略要取胜，网络效应、平台持续的吸引力和价值的推高至关重要。这样平台的参与者就可能不舍得离开平台，甚至不愿在多个竞争性平台上"脚踏多只船"，即不会做出所谓"多归属"（multi-homing）的行为。

库苏马诺教授提出，网络效应对于平台模式和战略的成败至关重要。所谓网络效应，是指一个客户所获得的价值，会随着更多的使用者的加入而增加。

因此在设计平台模式和战略的过程中，需要特别关注网络效应。拥有强大网络效应的平台，其规模常常以一种"不用扬鞭自奋蹄"的方式快速增长。例如，微信发展过程中的网络效应非常明显，很多人使用微信是在他们的朋友和亲人的催促和"裹挟"下开始的，到达某个规模后，就基本上不需要腾讯的大力推广，"雪球"的自重会让它以更快的速度向前滚动。Airbnb 的业务亦然，越多的业主愿意提供出租的房屋，就会吸引越多的旅行者使用这项服务。这种平台的双边或多边的参与，会相互增强，加大平台的吸引力和价值。

平台模式的参与者众多，常常对社会产生更大影响，因此也更加容易受到监管当局和社会舆论的关注。

设计并启动了平台模式之后如何竞争？《平台革命》一书提出了几点建议：

1）通过限制平台访问预防 "多归属"

在架构平台的过程中，阿里巴巴展现出长远的战略思考。当时对阿里巴巴来说，流量很重要。但他们却设置了技术障碍，让用户无法通过百度搜索阿里巴巴上的商品。这样短期来看丧失了很多流量，但长期来看却让客户与潜在客户都知道，要搜索阿里巴巴的商品，只能在阿里巴巴的系统上进行。并且也把对阿里巴巴平台上买卖双方推送广告的权利牢牢掌握在自己的手里。

2）平台 "抓大放小" 式地鼓励创新

聪明的平台拥有者，总是非常清楚哪些是平台最重要的资源，要牢牢地抓在手里；而哪些资源要放手，让生态圈中的各类玩家去尽情创新，以提升平台的价值和吸引力。

比如，阿里巴巴拥有（而不让百度拥有）其平台上的搜索；Facebook 拥有（而不让谷歌拥有）其平台上的搜索；微软拥有（而不让外部软件开发者拥有）自身平台上的 Word、Powerpoint 和 Excel。

同时，平台还非常关注平台上非常活跃且增长迅猛的那些应用，平台会伺机对这些应用实施收购。例如 Instagram 一开始只是在 Facebook 平台上不起眼的应用，而 Facebook 在 2012 年以 10 亿美元的天价收购了 Instagram。

3）用数据提升整个平台的价值和实力

数据是平台很大的优势，有效运用数据挖掘和分析，可以为平台参与者增加很多价值，从而提升平台的竞争力。阿里巴巴对平台上的数据进行深度挖掘，并且把用户偏好和产品走向的洞见分享给商户，以指导他们的生产和经营活动。

掌握数据的平台可以更好地决定是否对平台上活跃的参与者实施收购，对数据的掌握可以让平台的收购更精准。

4）功能抄袭和平台设计提升

当一个平台发现其他竞争性平台提供某种更有吸引力的功能时，也可以迅速跟进提供类似功能，以阻止平台参与者因为某些新功能而"移情别恋"。这样平台可以做到"人无我有、人有我好"。通过持续改善工具质量和功能优化，平台可以不断增强其对参与各方的吸引力。

平台模式和战略要成功，除了平台模式设计之外，还需要匹配平台思维、平台心态和平台文化。

一个好的平台一定是开放的、包容的、公正的、互联的、温暖的、有趣的、持续改善的，以及不作恶的。以自我为中心、居高临下地对待平台的参与各方、忽视平台的公共责任和义务、缺乏自律等心态和行为，都是平台建设的大忌。

3.2.2　IBM 的业务领先模型（BLM）

IBM 在多年前开发了"业务领先模型"，即著名的、广受欢迎的 BLM 模型（Business Leadership Model）。这一模型虽然看起来相当复杂和专业，但因为被华为及众多中国企业采用和广泛宣传，因此在中国企业中知名度相当之高。

业务领先模型（BLM），不仅形状对称、充满美感，而且面面俱到，几乎让人觉得无懈可击，缺点可能是非常复杂难以实施。这就是为什么很多知名企业虽尝试很久，但并未做到游刃有余、融会贯通的原因。

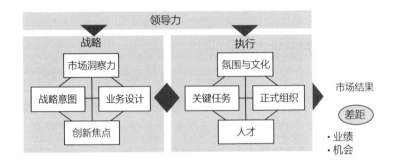

尽管如此，对于很多企业来说，BLM模型可以作为战略思考和讨论的一个参考模型，或者作为战略研讨的指引。

根据业务领先模型（BLM），我们编制了一些问题，可以供企业在研讨战略时运用。

1) 我们的差距在哪里：对外跟我们的同行比、跟客户的要求比、跟行业的整体发展比、跟市场机会比，我们的差距在哪里？对内，跟我们的目标比、跟我们的计划比、跟我们的认知比、跟我们的雄心比，我们的差距在哪里？

2) 对市场的洞察：对影响市场和行业的政治、经济、文化、技术、自然环境、客户需要、同行、渠道、供应商、行业上下游等的变化和发展趋势，我们有洞察吗？有独特的洞见吗？我们发现了什么？这些变化或趋势对我们又意味着什么?

3) 战略意图：我们是否想清楚了什么是我们的使命、愿景和目标？什么是我们想做的，为什么我们想这样做？

4) 业务设计：我们明确了商业模式和运营模式中的关键问题了吗？谁是我们选定的客户？他们的痛点是什么？我们对他们来说有什么独特价值？我们怎样找到他们并与他们持续交往？我们有什么核心资源？我们有什么核心生产和经营活动？这些生产和经营活动是以怎样的核心流程体现出来的？我们能够持续产生现金流吗？我们的财务账算得过来吗？

5) 创新焦点：基于我们独特的市场、行业和客户洞察，我们在整个业务设计中有独到的设计、创新或一剑封喉的"撒手锏"吗？

6) 正式组织/关键任务相互依赖关系：我们的组织设计阻碍了大家做事吗？足够扁平和敏捷吗？我们的核心流程扯皮多吗？我们的总部能增加价值吗？我们的授权体系恰到好处吗？我们的职能线为业务部门提供了价值吗？

7) 人才：关键和战略性岗位上我们有好的"大将"吗？大家的士气高吗？我们对员工的整体素质水平满意吗？

8) 价值观和领导力：我们想倡导的价值观明确吗？有落地的具体抓手吗？我们的领导人会以身作则实践价值观吗？我们的领导者整体的竞争力（能力和士气）能够支持我们的业务战略吗？

由上可见，BLM 模型尽管复杂且不易实施，但却为我们提供了相当全面、完整的维度，让我们可以思考战略、讨论战略、辩论战略。

3.2.3　VUCA 时代的敏捷战略

VUCA 是 Volatility（易变性），Uncertainty（不确定性），Complexity（复杂性），Ambiguity（模糊性）的首字母缩写。它本是个军事术语，近些年被广泛用于描述我们所面对的现实世界。

在 VUCA 时代，黑天鹅（指非常难以预测且不寻常的事件，通常会引发市场连锁负面反应甚至导致颠覆）、灰犀牛（指太过常见以至于人们习以为常的风险，比喻大概率发生且影响巨大的潜在危机）这对孪生现象交织出现在我们认识的世界中。

我们所处的商业环境亦是如此。光辉国际的一项研究指出，中国市场的发展趋势中"VUCA 特质"尤为明显，比如：

◇ 竞争对手的发展速度远超过你的想象；
◇ 总有巨大的增长和利润预期；
◇ 客户和劳动力年龄层和特质在急剧变化；
◇ 若能跟上发展的步伐，挑战可以成为机遇。

第 3 章
战略四重奏之一：战略思考

毋庸置疑，越来越"VUCA"的商业环境，也要求组织相应转变战略思考方式。由极少数领导当舵手、所有其他人抬头瞻仰并亦步亦趋、一份战略规划管十年的时代正在逝去。敏捷战略应运而生。

或许，敏捷战略算不上某一个战略大师的独创流派，它更像是多个研究学者和管理实践者们逐步提出和探索出来的新思潮。管理学大师亨利·明茨伯格关于战略规划的研究或许值得一提。20世纪末，他开始向强调管理层权力、崇拜CEO和管理层的"超人能力"的观点开战，他强调平等、参与和互动的管理思维。在《战略规划的兴衰》一书中，明茨伯格更是犀利地指出："在一片未知的水域，谁给船只设定规划好的线路，会让船只撞上冰山的可能性达到最高。"并且，他亮出"反常识"的观点：战略不能够规划，因为规划是分析，而战略是综合出来的。他认为我们必须重新思考战略形成的过程，他鼓励"普遍的战略思考"，让组织中更多的人都把重点放在非正式的学习和个人愿景上，更多参与到组织的战略思考和探讨中。

近年来，不少其他学者和实践者都认为组织需要更为敏捷的战略、赋能的战略、个性化的战略。而且，数字化时代也给我们提供了以往所没有的技术和工具，来支持敏捷战略的思考和实现，例如：通过大数据技术获取即时、准确的市场动态和个性化的客户信息；通过网络信息交流赋能员工，鼓励"普遍的战略思考"；以平等互联的理念，彼此敏捷协同，并公开透明地对战略实施进行及时复盘、探讨，更灵敏地调整策略……

我们观察到，在中国这片一切都安装了加速器的热土上，人们更加强调战略计划的快速调整和迭代，有时甚至采用"试错"方式来摸索新方向。比如：2010年左右，阿里巴巴集团对于未来的战略方向曾有很多争论，大家举棋不定，到底该做B2C、C2C，还是类似Google用搜索引擎把流量给到众多小的B2C网站？后来马云决定把淘宝拆分成三家：天猫、淘宝、一淘，各自去尝试。一段时间后结果水落石出，一淘的购物搜索没走通，一淘就撤销了，这就是在实战赛马中找到成功的路径。我们看回2007年的阿里巴巴集团，当时它有7个支柱业务：B2B、淘宝、支付宝、物流、阿里软件、中国雅虎、阿里妈妈。而现在我们看到后面几个在实战中已经出局。所以，在VUCA时代，当未来不明朗时，有时候战略方向是"试"出来、"做"出来的。也就是说，战略是"生成"的。

敏捷战略这个理念还非常强调划小组织和赋能员工。

就像上面讲的阿里巴巴集团7个业务分头探索那样，有些企业采用"阿米巴""小微组织"来多头探索，充分授权和赋能前端的小团队，让众多"听得见炮火"的团队去闯出一个方向、杀出一条路。也有不少企业采用"实验室""项目"来划拨专门的资源、孵化新业务，给一定的时限，明确要求几年内做到多大的业务规模、多大的客户数量，几年内实现盈利等。

另一个特征是赋能员工。用敏捷探索的方式生成战略，无疑就不能再靠金字塔尖的一两个人指点江山了。要调动和发动更广泛的组织成员。明茨伯格所说的"普遍的战略思考"，就很需要赋能员工。去中心化的组织、充分的授权、协同的工作流程、网络状的即时且透明的交流、良好的信任和共享氛围……有了这些要素，才有普遍战略思考的土壤。事关战略，在以前是自上而下这一个方向，如今也可自下而上。

当然，我们意识并观察到，敏捷战略有它的相对适用的行业、组织性质和范围。在实践中尝试，并不等于完全没有规划、不做思考就行动。在那些商业模式稳定、业务周期较长的传统行业，在精益运营的工业型组织，战略方向的坚定清晰、战略规划的严谨周密依然非常重要；但同时它们需要保持局部的敏捷和灵活，或逐步趋近更敏捷。而对于网络创新型企业，则整体需要采用敏捷模式。

这里必须补充强调的是：不论战略是周密规划的还是敏捷生成的，它都需要充分的讨论甚至辩论，才能建立共识。我们主张，金字塔尖的极少数人做周密规划的战略，需要在中高管层面"赋能"更多人共同思考、参与探讨（甚至激烈的争论和较量）、形成共识和认同，因为有了共识和认同，战略才能得到充分的执行落地。而划小组织让大家在实践中生成战略，也需要"赋能"广大员工，让他们也学习和掌握战略思考的方法和能力，因为路径探索出来也需要历经充分思考，才能凝练成模式，优化迭代、复制放大。

归纳一下我们的主张：首先，大多数行业中，对于不管哪种类型的组织，敏捷生成战略是一个大趋势，敏捷性的重要性在提高。其次，根据所处行业和组织性质，要把握好周密规划与敏捷生成战略的相对程度。再者，不管以哪种方式制定战略，赋能更多的人，促进"普遍的战略思考"，通过讨论集思广益和建立战略共识都是大趋势。

3.3 企业实践中的战略思考

从前文对各种战略理论模型和框架的介绍可以看出，绝大多数战略模型都是战略管理研究者在不同时期提出的。他们提出这些理论框架的社会、经济和技术背景差异巨大，强调的重点也非常不一样。那么在实战中，企业的领导者该如何进行战略思考呢？

3.3.1 实践中的战略思考的要点

通过分析一些国外知名企业案例，我们发现以下几个战略思考的要点：

- 发现一：在进行战略思考的过程中，要坚定运用一两种理论模型和框架，并促进整个组织运用这种思维模式

✓ **埃隆·马斯克的第一性原理**

我们看看埃隆·马斯克的例子，他是运用"第一性原理"（First Principle Thinking）思维模式来考虑战略问题的高手。马斯克曾在接受 TED 主持人采访时这么表达："我们运用第一性原理，而不是比较思维去思考问题是非常重要的。我们在生活中总是倾向于比较，那些别人已经做过或者正在做的事情，我们也会去做，这样只能支持小的迭代发展。第一性原理的思维模式是从物理学的角度看待世界，也就是说一层层拨开事物表象，看到里面的本质，再从本质一层层往上走。"

> 第一性原理：不用比较思维、不考虑既有的东西，而是拨开表象看本质，找出那些最基本的东西。

马斯克的上述说法，其实与之前所介绍的几位战略管理大师的研究非常相似。与他人比较、在别人的做法之上寻求更好，最终可能比别人做得好一点，但很难做到十倍好、百倍好，甚至颠覆别人的做法。

例如，马斯克运用"第一性原理"来思考电动汽车的关键组件——电池的创新。对电动汽车而言，电池的效能和价格是发展瓶颈。以价格来说，传统电池组的平均市场价格是600美元/千瓦时，主要电池供应商是松下。马斯克运用第一性原理发现，如果从伦敦金属交易所购买锂电池组的原材料组合在一起，成本只有80美元/千瓦时。

马斯克从中发现了巨大的价格机会，并于2013年开始自己建设电池厂，果然，投产之后电池价格显著下降，可以支撑特斯拉电动车的规模生产。

更夸张的是，马斯克也是用第一性原理来思考是否真的有机会实施他的"火星殖民计划"的。

马斯克早年就提出为人类创造多星球生活模式。你可能以为他只不过是在痴人说梦，但他却用第一性原理率先做出方案，然后向全世界公布这一方案，并屡败屡战地开始实施了！

在"火星殖民计划"中，可回收火箭需要突破技术关和成本关。马斯克运用第一性原理，跳过前人的经验数据、跳过与过去的方法相类比的思维方式，直击成本问题的本质。马斯克不看NASA原来是怎么做的，也不考虑改造或优化NASA的产品。他只从物理学的第一性原理出发来分析：要把一定质量的物质送到太空，需要消耗一定质量的燃料，还需要一定质量的原材料。结果，燃料加原材料得到的成本，只相当于NASA成本的1%。这样，如果运用巧妙设计和创新工艺，这件事就绝对可为了。而后面的故事相信大家都已经知道了！

第 3 章
战略四重奏之一：战略思考

✓ 李思拓和情景规划

而刚刚卸任的诺基亚董事长李思拓，则非常相信用情景规划（Scenario Planning）这一方法进行战略思考的价值。

李思拓担任诺基亚董事12年，董事长8年，被认为是带领诺基亚死里逃生、艰难转型的领导者。在李思拓的领导下，诺基亚避免了灭顶之灾，转型成为专注电信运营商服务的企业。

情景规划起源于军事情报部门，其实是一种用沙盘推演来模拟战争的方法。

> 情景规划：假设多个未来可能的场景，模拟推演，做好多种备案。

李思拓似乎对"情景规划"这一方法论非常着迷。他认为"情景规划是一种思维训练的方式，能帮助你更好地去思考未来。同时，它也是一种解决问题的工具，可以帮助你化解难题，分而治之"。

具体来说，情景规划需要人们列举出所有相关的备选方案，同时在深度上要探究每种备选方案的关键细节。因为情景可能很多、很复杂，情景规划很可能会以"情景树"的形式出现。它可以让人既见到树木又见到森林。

李思拓在运用情景规划方法时，非常重视想象力的拓展。他说，情景规划的重点在于，不仅要去识别现在已有的选项，而且还要不断地去想象并创造新的可能性，然后明确与每种可能性相关的应对措施。换言之，情景规划不仅要列举出合理的、现实的情景，并提出相关的行动计划，也要设想一些措施，让看似不切实际的情景变得现实可行。你甚至可以从自身的角度去天马行空地想象，然后在情景树中添加你认为可行的最佳情景。

作为董事长，李思拓要求董事会和管理团队都能够运用情景规划来讨论重大问题。

> 把战略思考的模型/框架在管理团队中推广，共同坚持使用。

在管理团队的配合下，董事会提出一长串的问题和可能性，然后要求管理团队进行分析并给出建议，最后再来评审结果，并提出新的情景。这样做的好处显而易见，意想不到的新情景数量显著下降，因为大量的情景已经在讨论和思考中被审视过了。

运用情景规划的方法，诺基亚董事会从2012年到2016年间完成了大量战略思考。李思拓说："通过情景思考，曾经像迷雾般的未来变得清晰可见，就如同一幅虚拟的图景，上面映射出各种路径。从我加入诺基亚董事会以来，我第一次感到我知道我们的问题是什么、我们在做些什么，以及未来我们还有哪些其他选择。当然，这并不是说我们的问题变少了，甚至我们可能已经意识到，实际上我们正面临更多的问题。不过我们已经可以清晰地看到问题，所以能够选择我们的关注重点，对未来也有了更多的掌控感。"

- 发现二： 准确判断战略拐点进行业务调整，把握节奏下注

✓ **奈飞的流媒体下注**

Netflix 一开始提供的是网上 DVD 租借服务。Netflix 很早

就认识到，DVD 是一种过渡技术，未来将被流媒体所取代。对这一战略拐点，Netflix 的 CEO 哈斯廷斯显然早就认识到了。但以一种怎样的节奏、力度和方式进军流媒体却是关键！

> 看到拐点后，以一种怎样的节奏、力度和方式推进是关键。

2007 年时，Netflix 在流媒体模式上下了小注，以 1% 到 2% 的营业额提供了"现在看"的功能，只提供 1000 部片子，与当时可租借 DVD 的规模相去甚远。但流媒体模式一旦普及，各类玩家必定争相下注，很难保证 Netflix 可以做到差异化。这时，Netflix 比任何人都明白：内容为王。如果内容卡在别人手里，就好像被人卡住了脖子。因此原创内容将成为制胜关键。

看起来 Netflix 并没有原创的基因和经验，但想清楚后，他们该出手时就出手。2012 年，他们砸下重金投资《纸牌屋》这一原创节目，结果大获成功。之后一发不可收，Netflix 的原创节目表现出众、频频获奖。他们的注册付费用户大增，股价也从 2014 年开始大涨。

✓ **英特尔的全部押上**

对已经拥有多年成功经验的组织而言，在把握时代趋势、判断拐点之外，还颇需要壮士断腕的勇气。前文提到过英特尔 CEO 安迪·葛洛夫曾经力排众议，放弃了存储

> 看清拐点后，力排众议，全部押上。

器业务，大力布局微处理器业务，最后成为 PC 时代占有压倒性优势的微处理器供应商。应该说，葛洛夫非常准确地把握了战略拐点，并且采用"全部押上"的方式大胆下注，最后占据了 PC 行业的制高点。

✓ **西门子的数字化转型**

西门子也是经历过壮士断腕才成功转型的。2014 年，作为制造业巨头的西门子发布了"2020 愿景计划"，宣布逐步退出石油和天然气以及传统制造业务，建立新的数字化业务单元，为自己和类似制造业企业提供转型服务。这可不是一个简单的决定，电力是西门子深耕了 140 年的核心业务，有 300 亿美元的年收入和 8 万名员工。

> 放下过往的成功，需要壮士断腕的勇气。

但是，西门子看清了行业的趋势，做出果断的决策，并付诸行动，成立了以数字工业（DI）和智能基础设施（SI）这两个核心业务单元为主的新西门子。西门子的董事会主席认为："这是正确的决定，尤其是当业务运转还良好的时候，目前是最好的做战略转型的时机，晴天才好修房子。"

• 发现三：围绕既有的核心竞争力，构思新的业务方向

柯达胶卷和富士胶片，身处同样的行业，一度是彼此激烈竞争的双巨头，也在 2000 年前后共同面临传统胶卷被数码技术取代的颠覆性冲击。

柯达发明了数码相机，但因为害怕影响胶卷业务，而将其

新发明雪藏了起来。业界一般都认为柯达的失败是由于它没有抓住影像数码化的机会，而带着富士胶片杀出一条生路的富士胶片CEO古森先生认为，其实无论是柯达还是富士胶片，即使抓住了影像数码化的机会，也无法仅依靠数码设备生存下去。后来的事实也证明，数码相机的机遇期也并不长久，这块市场也在很短的时间内被手机和移动互联网干掉了。那么富士胶片是怎么找到新的战略方向，成功杀出一条生路的呢？

富士胶片所做的，其实就是围绕公司的核心竞争力去思考。之前富士胶片所做的一切，就是不断利用尖端材料技术开发照片感光材料，这构成了企业的技术核心。那这些技术核心除胶片外还能用于做什么？

因此，富士胶片在确定公司新的成长战略时，仍是以技术运用及提升作为标准的。CEO古森先生认为，新的成长领域要看三个关键点：

◇ 首先，在这些新领域，公司的技术能力是否有竞争力；
◇ 其次，这个领域的市场是不是有成长潜力；
◇ 最后，在这个市场公司是否不仅现在拥有竞争力，未来也能保持竞争力，并有能力持续投入资源，推动相关技术进步。

以技术作为核心维度，再结合"市场"维度，富士胶片用了一个"四象限"来分析新的业务方向：1)

> 从核心竞争力出发，再结合市场维度，形成富士胶片所独有的"四象限"思考框架。

用现有技术巩固现有市场；2）开发新技术应用于现有市场；3）将现有技术应用于新市场；4）研究新技术来开拓新市场。

通过这样的分析，富士胶片得出结论：医药品（化妆品）、医疗设备系统、光电、数码影像、印刷以及高性能材料等6大领域，都是成长潜力很大的领域。而且，这些新的重点领域能很好地融合富士胶片的现有技术和新技术，以及现有市场和新兴市场。2003年，古森先生推动了彻底的战略转型，大力投资医学成像新领域，利用原有的化学优势及专利技术，充分挖掘摄影胶片在医学领域的应用，推出用于诊断的完整产品线，同时还利用原有的化学研究能力，将业务扩展到药品的研发和销售中去。

这样一来，公司实现了脱胎换骨。富士胶片的名称没有改变，但以往的主营业务已不复存在，一个新富士已经诞生。其老对手柯达公司则于2012年申请破产。

3.3.2　国内企业在战略思考中的常见的迷思和误区

前文回顾了战略发展史上的一些主要流派和里程碑。纵观中外企业使用的战略思考模型，我们发现这些模型虽然呈现方式不同，但精髓都很一致，每个模型都有其重要的价值和可取之处。虽然外部环境巨变，时代极速发展，企业更新换代加速，但很多组织还在沿用这些经典的战略思考模型。

这些战略思考模型都涉及以下几个方面：

◇ 分析内外、知己知彼

◇ 产生洞见、抓住机会
◇ 设计模式、打造能力
◇ 排兵布阵、推进执行

显然，战略思考是源头问题，也是最重要的问题，没有一个领导者会不重视它，也使用了很多战略思考模型。然而，在真正进行战略思考的实战过程中，企业又常常会遇到一些问题。到底什么时候思考？思考的重点是什么？用什么方式思考？思考的成果应该是什么？哪些人应该参与战略思考的过程？以上一系列问题都是一个组织在战略思考中需要回答的。

在我们的众多咨询案例中，最常见的现象/误区有以下几种：

1. 战略思考≠精心设计后一成不变的战略规划

传统意义上的战略规划，是一个正规严谨、步骤清晰的过程，讲究充分调研、精心设计、缜密细致，一旦确定，就坚定不移地实施。

然而，如前文所述，从工业时代跨入数字时代，我们面临的VUCA环境更为复杂和捉摸不定，而且一切都在高速变动中。广泛搜集充分的内外部数据信息、看清和把握趋势，再基于深度的分析研判扎实推导、反复论证，形成方向和制定详尽的战略规划，这种深思熟虑和精心设计的战略规划方式正变得越来越奢侈，甚至难以实现。现实中大多数情况下，企业面临的现状是：计划赶不上变化；唯一不变的就是变化。科技的发展、客户需求的变化、政策的调整、商业模式的颠覆、跨界对手的涌现，甚至是一场天灾人祸都可能让既定的战略规划无法顺利实施。

所以，现在更需要的是把眼光放长远，但脚下步子应走得更快。正如阿里巴巴前总参谋长曾鸣所提的"看十年，做一年"，就是说领导者要一边洞察未来十年的趋势和方向，一边要聚焦近一年的快速行动。用不断尝试、不停转变、持续调整、快速迭代来实现敏捷的战略思考，这样的战略未必是"精心设计"出来的，更是实战探索中"生成"出来的。而战略思考或战略设计这件事，也不是战略循环中的单个步骤，更是随时发生的，是一种持续的状态，贯穿于整个战略循环。

2. 生成式敏捷战略 ≠ 看到拐点就转弯，哪有机会就去哪

尽管相对少些，但也存在另一种极端：不管是迫于资本市场/股东的压力，还是受迭代出的热门商机所诱惑，在战略方向上过于多变，到处追逐新的热点，不考虑自身组织的"土壤条件"就照搬新事物，想到哪做到哪，这就是我们在前面战略流派介绍中提到过的战略定力不足的问题。也有些组织因为高层领导者的更替，战略方向反复摇摆。不仅在业务方向上，有些企业甚至在经营模式、管理机制上也玩敏捷，追逐新概念和流行词，而没有真正深入地去伪存真、存利去弊，导致什么东西都浅尝辄止，最后不了了之。

我们认为，深思熟虑和敏捷生成应该结合使用，优秀的组织必须把握好二者间的综合平衡。而收集信息、思考、分析、比较、推断,这整个战略思考的过程,是永远在进行中的,是一种"永续"的行为。企业家或高管们应该保持一种持续深度思考的状态,同时又保持足够的敏捷性,允许在实战中生成战略。

3. 战略思考≠把惯性当"战略定力"

我们发现,但凡在市场充分竞争的行业中,如果发生颠覆性的趋势性变化,大部分企业还是能明显感知到的。它们并不是真的因为完全不知道"拐点来临"而错失机会,更多是因为沉溺于过往的成功,因为"鸵鸟心态"而失去了足够的警觉和危机感,总觉得"似乎眼下业务也还可以""真的要放下我们那么熟悉那么成功的业务吗?何其不忍",甚至误以为"坚持做擅长和熟悉的,必须深耕,必须有战略定力"……于是,在惯性中日益下滑,错失了转型的时机。

我们认为,组织需要战略定力的前提条件,是其战略是正确的、合理的、适用这个组织的。如果是灰犀牛(指太过于常见以至于人们习以为常的风险,比喻大概率且影响巨大的潜在危机)已经确定无疑,那还是放下所谓定力,快速扫描周围的世界,看看哪里有突破口,调整你的战略方向为上。就像前文所举的英特尔、西门子的例子,要摆脱惯性、勇于舍弃过往的成功。

4. 思考新的战略方向≠放弃核心竞争力

走多元化路线的组织常常在研究要新进入什么行业、退出什么行业、该新增哪个业务、关闭哪个业务……在这个过程中，我们观察到一些国内企业容易被市场上的热点所吸引，而忽视了把握组织的核心竞争力、深挖其潜力的可能性。

很多时候，不必另起炉灶，顺着组织的某些优势积累延伸、探索，就能走出新路。像前文提到的富士胶片，就是顺着它所擅长的化学试剂、感光材料、影像技术等核心能力，去寻找这些技术在医学成像、药品研发、化妆品领域的可能应用，同样机会多多。所以，看市场的潜力是寻找新的战略方向的一种切入角度，如果能基于既有的核心竞争力去组合多元化业务，则更有可能无敌于天下。

5. 战略思考≠一把手的孤独游戏

对于绝大多数国内企业（尤其是快速发展中的民营企业）而言，公司一把手或创始人几乎是唯一会做战略思考的人物，战略思考是他一个人的孤独游戏。很多民营企业的早期成功很大程度上是因为创始人（或一把手）的眼光、胆魄和思路无出其右，组织上下一致，处于"一个人想清楚，全公司有方向"的状态。不但领导决策惯了、拍板惯了，下面的团队也只会"指哪打哪"，从来没有思考战略的习惯。而且，很多时候创始人或组织的"精神领袖"是"头戴光环"的，大家对一把手不光信任、崇拜，甚至怀有心理依赖。于是，战略思考似乎就"责无旁贷"地成了一把手的独角戏。无疑，面对市场和竞争越发复杂激烈、创新迭起甚至颠覆丛生的局面，就算战略思考依然是少数人的游戏，也不能让一把手独自"高处不胜寒"了，他不仅需要借助外力，更需要内部军师或智囊团。有时，可以开放让更多人（包括基层）献计献策；在看不清未来、不确定性很高的时候，甚至可以鼓励接近市场一线的人员开展内部创业，组织可提供资金/技术/人才/管理等各种形式的支持，并密切跟进这些机会，这样"自下而上"地搜集战略信息和制胜信号，也是多方向试水、探索可能的战略方向。

6. 战略思考 ≠ 不断追逐新模型和工具

我们还看到不少组织的战略思考和研讨效率很低。有的企业高管来自不同的公司，背景各异，习惯或喜欢用不同的研讨框架，因此每年要花很多时间和精力来争辩用什么框架进行战略研讨。有时这一话题甚至会被高管用来争夺话语权；有的企业用的战略研讨框架每年一变，大家刚刚学会和理解的工具，第二年就弃之不用。中高管需要从头学习新的框架，因而浪费了组织大量的时间，也引发了中高管们的抱怨。

有时，我们也看到一些喜欢新概念的一把手过于沉醉在对新模式、新工具的追逐中，反而忽略了回答最基本的战略问题。比如：分明是传统行业和朴素的研产销的商业逻辑，硬要拽上"平台""区块链"之类的概念，把新机会想象得很美好，甚至夸夸其谈，说得很动听，似乎有无限的可能和机会，但却忘记说清楚"我们在其中如何参与""到底什么样的客户愿意为此支付、支付多高的价钱""为什么是我们能挣这个钱""如何让客户愿意付我们这笔钱"，等等。于是，本来看似有前景的业务，一年又一年过去了，却什么事情也没发生；或者只有糊里糊涂的投入，却缺乏真正的短期或长期价值；客户不买单，甚至其实并没有真正的客户。

所以，战略思考时，所用模型和工具的数量、新老都不是关键，最要紧的是合适，是做明智的取舍。无论用什么样的工具来帮助企业思考战略，最重要的还是思考之后的成果质量而非工具本身。我们要借助工具，但不应过于依赖工具。此外，还要像前面提到的马斯克和李思拓那样，将模型和工具在组织内部进行推广，并坚持使用，这样才有利于在内部形成深入的认知并产生有益的积淀。

7. 战略思考能力≠天生的能力

可以说一把手及关键少数人的战略思考能力关乎企业生死存亡，无疑非常重要，但知易行难。很多人可能认为战略思考能力是天生的，无法后天培养。没错，这确实是人才培养和能力开发领域难度最高的命题之一，但难度高不等于无解。现实中我们也确实观察到一些优秀的令人钦佩的一把手，能够突破自我，历练出更缜密的思维、更长远的眼光、更敏捷的决策能力和发现新业务机会的洞察力。

尽管探讨能力提升不是本书的核心主旨，但我们在这里对提升战略思考能力给出几条建议：

1）主动跨界，跨出自己熟悉的行业、专业、文化，去拓宽自己的眼界；

2）给自己留出专门的安静时段，刻意、专注地做深度思考；

3）把自己脑袋里的思考讲出来、写出来，整理的过程，往往是完善和升华思考的有效方式（一把手一定要克服"能想不能说"或"能说不能写"的局限）；

4）打开心胸，找智囊，学习借助他人的智慧和力量。

8. 战略思考 ≠ 外部顾问思考

有些公司的最高层领导者，在战略思考的过程中苦苦求索、不得其法的情况下，将希望寄托在外部顾问身上。他们请来顶级战略顾问、大学知名教授、行业大咖，希望他们能够完成这样的战略思考。

我们认为，很多东西可以外包，但战略思考不能外包，战略思考的责任更不能外包。从外部顾问那里获得一些灵感、洞见、数据分析是有必要的，也是有价值的，但把战略思考的希望寄托在外部某些"高人"身上，是很难在真正意义上完成战略思考过程的。

3.3.3　国内企业在战略思考的实际操作中的常见问题

介绍了实战中战略思考的要点，以及国内企业在战略思考中常见的迷思和误区之后，我们想再分享国内企业在实际运作中常见的一些现象和问题。

1. 战略思考过程中，通常容易出现哪些问题

◇ 没有充分考虑外部的情况。一些企业抓住先机，挤进了好的赛道，对选择的行业非常有信心。然而赛道选对了，并不代表这个行业里的所有企业都能心想事成、如愿成功。有信心和热情是好事，但不能仅仅依靠一腔热情。我们认为，对竞争对手、客户、合作方的有效研究，对行业、市场趋势和技术发展的预判，都是非常重要的，企业的"门窗"需要打开，让外部的信息及时输入进来，作为内部及时应对和调整的重要依据，切不可想当然地完全靠"拍脑袋"。如果缺乏外部视角，纯粹在组织内部反复折腾，抱着"唯我独尊"的心态，肯定折腾不出好的战略。

> 通常出现的问题，大多是由于想得不够全面充分，缺漏这个、忽视那个。所以，思考的框架很重要。

◇ **没有充分考虑内部的资源条件。**一个组织的资源是有限的。但在制定战略的过程中容易有种错觉，觉得外部市场很好、我们机会很多，机不可失，时不再来。于是头脑发热，把目标定得很高，完全没有看看自己家"粮仓"的状态，也没有认真计算自己的财务状态是否能支撑那么激进的目标，更没有提前去考虑如果人财物当中的某一个或几个方面资源不够的话，有什么备用资源或其他途径可加以弥补。值得提醒的是，人力/团队的能力也是一种重要的资源，我们往往容易只看人力的数量而忽略了人力的质量，其实这也是需要认真盘点的，有能力没意愿或有决心没能力的情况都不少见，要盘清现状，再想办法把能力快速补上、把意愿/态度尽快激发出来。要不然，就只能降低战略的目标值了。特别需要关注的是，由于要获取新的机会、增加新业务，内部需要有对应的新能力和新资源：什么时候需要有新的资源和能力？获取它们的代价又是什么呢？

◇ **没有考虑速度（或时间）这个维度。**很多企业制定战略的时候，都没有去回答和时间相关的问题。在不同关键人员的脑子里，每人都有一个不同的时间或速度概念，没有明确统一。于是，到战略执行的时候就会发现大家对什么时候实现这个战略目标、应该以什么样的速度推进此事有着不同的理解和期待；在资源投入的时候，大家的意识和行动也会非常不一样；有人危机感很强，另外一些人觉得不用着急，这样就会在内部管理中出现很大冲突。比如：某企业要把经销商体系转型为自营渠道，但没有明确时间要求。实施中有人觉得应该用一年半时间各大区轮流转型，降低对当期业绩的冲击；也有人觉得长痛不如短痛，应该以雷霆万钧之势尽量在半年内搞定，避免战略犹疑、人心惶惶。或许这两种做法各有利弊、难料高下，但重要的是，关键人员在制定战略时就应该把这个时间维度考虑进去，内部管理层要形成共识，否则很多动作就步调不一，造成效率低下、资源浪费。当然，考虑速度的时候，也必须考虑外部竞争环境给予我们的机会窗口，大多数情况下，快总比慢好。

◇ **没有真正地了解客户。**有些企业对自己的产品和服务非常有信心，觉得客户很需要自己，也认为自己是为了客户好，因此事情肯定能成。但有时可能有点一厢情愿了，可能我们服务于客户的方式并不是客户最希望的方式。比如说，一家民企定位在高端客户，他们一直认为给客户最大程度的贴身照顾、多发微信/短信、多提醒和教育客户，就是对客户的负责和关怀。殊不知，大部分高端客户平时都非常忙，并不喜欢常常被打扰，正因为这个原因，他们的团队在服务的过程中会发现莫名地损失了很多客户。所以说，要了解客户，一定要去认真倾听、观察客户的真正需求和习惯（比如借助一些调查和访谈工具，或是借鉴"设计思维"的某些有助于洞察客户的方法），及时收集客户对企业产品和服务的真实评价。当然，也可以引导客户需求。不过，也需要确认，经引导之后客户是否真的愿意掏钱去购买企业的产品和服务。另外，还有一种错觉也需要注意：有些客户在调研中的表态（或是评分）很不错，常常表示对产品和服务或者对工作小组感谢，但就是不乐意付费，或不愿意积极推荐给他人，这就说明产品和服务并没有很好地满足客户的需求，总是在哪个地方（如：性价比）还存在问题，还值得琢磨深挖。

◇ 忽略了数据的收集和分析，过于靠"拍脑袋"。战略不能完全依靠逻辑和数据，也不能完全不看数据、不讲逻辑，特别是相对成熟而竞争性强的行业，已经有很多数据可用于分析归纳了。这些数据包括外部市场数据，也包括内部历史数据。从数据里挖掘洞见，是制定战略的基本功。有很多战略分析的工具可用，这些工具都能帮助大家用逻辑化和结构化的方式挖掘数据，产生洞见，做好理性的判断和战略选择。

◇ **忽视了决策者的个人特征带来的弊端**：本质上，战略是一种选择，没有一定正确或完美的答案。制定战略的过程中，决策者的"拍板"难免受个人的倾向性关注影响，需要理解和意识到这种倾向性关注有其优势，也必有弊端，组织中需要有人能够提醒并弥补其弊端。比如说有些一把手倾向于抓住外部的机会，而对内部能力的关注不够，那么就需要有人在内部能力和资源的盘点方面去不断提醒、用力补足；相反，有些一把手非常关注内部的能力建设，而对外部市场的关注度不够，那么也需要有其他人积极往外看；再比如说有些一把手自己有技术背景，对技术感兴趣，所以在思考战略的时候，可能会把技术的重要性放大，而对客户的需求关注不够，相反有些一把手对新的业务模式和新的客户需求特别感兴趣，却又忽略了技术的匹配性。

◇ **在转型变革的环境下，过于依赖过去的成功经验**：组织变革的过程中，要高度关注"过度自信"带来的负面影响。过去越大的成功，越可能成为未来成功的绊脚石。比如：某房地产开发商以前一直做住宅地产，在区域市场靠着对当地政策环境、消费习惯等的了解，靠自己的力量是非常成功的。后来这家房地产开发商决定在区域市场扩张,同时要进入商业地产,就处处碰壁。比如说:进入一些新的特殊地区/市场时,必须采用多家房企联合开发和操盘的战略,而这家企业派出的团队就比较依靠经验主义,喜欢用惯常方式做事而不擅于灵活变通和多方协同,所有联合操盘的项目都屡屡受挫、进度滞后。在进入商业地产的时候,仅依靠以前的打法更加困难了,最终商业地产业务只能停止。有些公司在变革的过程中,即使在充满挑战和不确定性的外部环境下,仍然会高估自己的实力,总认为想象中的商业模式肯定是稳妥的,或者将过去的一些成功经验套用到未来也一定没问题。但很多时候现实是残忍的,我们不得不诚实地面对新的情况重新评估:在新的环境下,到底需要什么能力,哪些能力我们已经拥有了,哪些还不具备。特别需要盘点哪些能力过去很重要,但未来已经没有作用了,发现并承认这些既需要敏锐的观察,也需要坦诚的勇气。

◇ **没有找到正确的人来讨论战略问题**:战略问题涉及外部和内部信息的了解,也是理性逻辑分析、直觉综合判断的结合。在一把手做出战略决策前,如果没有合适的人参与讨论,决策所参考的信息就有可能出现偏差,某些视角和风险点可能被忽略;没有集体智慧和彼此间的碰撞和激发,可选择的战略选项就没有那么充足,创新的含量也可能没那么高。我们建议以下几类人需要参与到战略制定的讨论和决策之中：

1) 企业最高领导者：毫无疑问，战略思考本身就是一把手的主要职责之一，而且关键问题也需要一把手来决策。

2) 熟悉战略思考的方法和工具的人：通常是企业战略管理部的职责，但如果内部能力不够，可以用外部顾问或专家的力量来补充。

3) 熟悉行业/市场/客户等外部信息的人：这点很容易忽略。在有些组织中，高管团队甚至是一把手都"人往高处走"、越来越专注于管理工作，甚至只管跨行业投资并购，其实他们无意中离市场越来越远了，对外部行情并不敏感，而企业上下还停留在"我们领导最懂行"的惯性认知中。这时，就需要有足够的清醒，及时增加一些真正"浸泡"在市场一线的关键成员，让他们参与战略的讨论，也可以邀请一些信任的行业专家（有的行业专家以独立董事身份列席公司的董事会）参与，以更多地获取客户、竞争对手、合作伙伴等各方的信息。

4) 关键财务人员：战略性财务数据非常重要，"把账算清"是对内部财务人员最基本的要求；在提供准确的数据之外，如果还能基于数据讲清业务特点和状况，做深入的分析，提出洞见，为业务和战略决策提供支撑的话，这样的财务人员不可多得。

5) 关键人力资源人员：战略决策前需要盘点内部的队伍和人才状况，对照外部机会和我们所想要拟定的战略方向，分析人力资源的匹配度。如果不匹配，是否有机会获取更匹配的员工，获取的途径有哪些，获取的成本和成功率如何……这些都是人力资源团队需要在战略讨论时回答的关键问题。

◇ **没有考虑人的情绪问题。** 战略都是人制定的，特别是遇到战略整体或者战略的某些元素产生改变，比如新增一个细分市场、从中端转到高端、从二线城市进入一线市场等，就很可能超出组织中关键人员的舒适区。无论是因为惰性而想做熟悉的事情、还是因为害怕露怯，都有可能让人对某个战略调整的方向持反对意见，但又不明确说出来（有时是潜意识里的一些担心和顾虑：当事人自己都不一定了解，也不一定承认）。于是，嘴上讨论的是事情本身（比如，反复强调某个新市场的吸引力就是不够或者对我们来说风险太大等），但内心深处可能有畏难情绪、怕失去过往的成功。这种潜在的问题通常是较难以发现的，需要决策者或一把手有非常强的人际敏锐度。

◇ **过于聚焦短期的机会。** 短期目标其实是由长期目标分解而来的，战略制定永远要考虑短期和长期的平衡和互动关系。战略制定要深思熟虑，眼光一定要放长远。如果短期活不下去，就没有长期可言；但如果只看短期的效果，就可能永远实现不了长期的目标。所以，短期内当然要考虑当下的经营情况，但也不能什么机会都去抓。战略制定不仅要回答"我们做什么"，也要回答"我们不做什么"。比如：

我们接触过的某家企业几年前就认为，按过往的低端市场定位，会越来越没有出路的，所以该企业下决心把定位转型到高端市场。但转型没那么快，一下子转不过去，迫于短期的经营业绩压力，大家忍不住仍然用以前惯用的方式努力开发低端客户，公司最高层也没有明确下令"不能这么做"，而是为了当期业绩和现金流，睁只眼闭只眼地容忍着；而另一方面，由于大家忙着做低端市场，也没那么多资源和人力真正投入去开发高端市场，偶尔稍作尝试，又发现因为不熟悉这块市场而很容易碰壁，越碰壁就越不敢试，于是长期战略就一直没有机会真正开始实施。数年之后，低端市场正如之前所预期的那样越来越萎缩；而原先没有太多竞争对手的高端市场，也被几个先行进入的竞争对手所瓜分，而这家企业过去几年都没能有效建立起开发和服务高端市场的能力，此时则越发陷入落后被动的困境。

> "五看"模型，可以帮助系统地思考战略维度：这个模型的起点是公司的使命、愿景。横轴强调内外打通，而纵轴强调前后打通。内外打通意味着：站在公司内部向外看竞争，站在外部看公司优劣势。一看公司现状如何，包括既定战略的执行情况，核心竞争力打造情况，人才梯队建设情况等；二看现在的客户都是谁，为客户创造了什

么价值，客户还需要什么价值；三看市场上已经有的竞争对手发展情况和上下游的合作情况；四看所处的行业发展状况，有什么新的政策或者新的技术正在影响这个行业；五看整个产业生态的整合和发展情况。前后打通意味着站在今天看未来发展和趋势，或站在未来看今天的布局。你今天看到的机会和挑战都已经是过去式了，要往前看3到5年，看产业、行业、上下游和客户可能会发生什么改变，有什么新的潜在的机会和威胁，现在需要提前布局什么，这是五看在时间维度上的一个变数。比如，是否看到新的客户增值需求，是否看到未来行业整合并购的趋势，是否看到渠道玩法的颠覆，是否看到跨界竞争的企图，是否看到国家政策的深层次影响，等等。

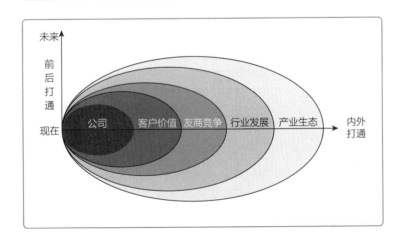

2. 我们自己做战略没有经验，以前都是靠"拍脑袋"，能否请咨询公司帮我们做

不建议完全依赖咨询公司。制定战略本是企业最高层的核心职责。当然，咨询公司可以在这些领域提供助力，包括：做外部市场（如客户、竞争对手、行业趋势等）的信息收集和分析、用合适的战略工具帮助梳理逻辑、分享最佳实践、帮助提醒风险、更体系地启发思考、助力达成一致等。但最终对战略的抉择，我们认为，应该还是企业自己的事情。

3. 我们公司都是一把手定战略的，并没有一起讨论，也没有数据分析，这有什么问题吗

确实很多的企业一把手都是战略天才，他们有非常强大的直觉，特别善于发现市场机会、找准方向、快速实现。旁人看起来轻而易举的"拍脑袋"，实际上主要是靠他们对市场的高度敏锐，加上他们本身获取的信息就比一般员工更全面、更及时，所以过去很多企业靠一把手的个人力量就能制定出优质的制胜战略。但如今商业环境不同了，随着外部市场更为复杂、变化加快、竞争加剧，光靠个别天才"拍脑袋"的难度越来越大了。我们遇到很多企业的创始人或一把手普遍都认为一个人"拍脑袋"越来越心里没底了，感觉自己对未来越来越看不清、吃不准了。

所以，我们建议在一把手发挥天才战略能力的同时，也多一些理性的考虑和逻辑的推演。同时，和关键人员一起制定战

略,也是培养和发现人才的好机会,组织里的一些骨干平时可能不需要思考战略,也没机会展现和练习这方面的才能,但给予一定的时间和机会,有时他们提出的视角和观点也很有价值,非常值得一把手去考虑。再者,用更体系化的方法制定战略,不仅有助于确保战略质量更高,也能让参与制定的人员在战略后续落地的时候怀有更多的认同和理解。

> 从依赖个别天才,到有章法地运用集体智慧来制定战略。

4. 在战略思考的讨论过程中,如果遇到了多种机会,但资源有限,工作组如何推动高管们综合研判,决策取舍

工作组可以在讨论前尽可能地收集每个可能的机会的外部市场吸引力信息(如规模、增长速度、竞争程度等),以及内部能力和资源的情况。在有准备的基础上,推动高管们对多种机会逐一进行内外部分析。在分析内部实力的时候,要推导出如果试图抓住这个机会,对企业的要求(关键成功因素)是什么(比如,如果进行软件外包服务,关键成功因素可能是技术、服务质量等),根据这些要素,再来判断企业内部的准备程度。(如企业要做软件外包的话,现在和未来的技术如何,服务质量如何?)

之后,工作组可以推动高管,形成几种可能性组合。比如说,某家多元化企业可以选择专注航空和贸易,也可以选择专注航空、贸易和地产,还可以选择更全面地发展。

然后就要对这几种选择进行评估和决策了。选择之前,需

要有标准。所以首先要回答：企业到底要什么？（比如：经济效益、战略的协同、可行性、风险规避，等等。）对这个问题的回答本身一定会带有决策者个人的特点。比如说，比较谨慎的一把手把风险这个指标看得比较重，这一指标就会被赋予更大权重（当然也可能是行业本身风险就比较大）。再比如，成就欲望非常高的一把手，很有可能对发展速度有高要求，那么在经济效益这个指标上的打分权重就会非常大。

说明一下，这里的经济效益可以借助财务模拟的方式来测算，通常会模拟演算几种（乐观、正常、悲观的）未来市场状况下可能获得的经济收益。

> 可见，工作组还是从信息搜集、专业方法、流程把控等角度来帮助高管想清楚问题的"引导者"角色。

以上方法，可以在面临众多机会、选择（重点客户、重点区域、重点产品/服务类别、价值链上的位置等），又争执不下的情况下帮助整理思路，支持理性探讨。

可见，工作组还是从信息搜集、专业方法、流程把控等角度来帮助高管想清楚问题的"引导者"角色，并不能替代高管们去思考和决策。

3.4 本章小结

本章选择性地回顾了从迈克尔·波特提出竞争战略以来的几种非常成熟的战略模型，也介绍了近年涌现的相对新一些的战略理论框架。希望温故知新，帮助读者复习一下曾经涉猎的战略理论框架,在此基础上,不纠结于各种流派之间的互相批评、放下对与错的判断,有选择性地在自己的企业探索和实践战略框架。

- 战略思考是战略管理的起点也是终点,无论战略工具多么优秀,最重要的还是核心少数人的战略思维和市场敏锐度,这是企业最宝贵的财富。
- 每种战略理论框架都有其时代背景,也自然而然地存在其局限性。
- 每一种流派的战略理论模型都提供了一种思维方式,在思考战略问题的时候,思考过程和思维方式极其重要。
- 通过这些战略工具的运用,可逐渐发现战略思维的盲区,从而到达《孙子兵法》中所说的"多算者胜"的成功彼岸。

第 4 章

战略四重奏之二：
战略共识

感性共鸣

+

理性辨识

第 4 章
战略四重奏之二：战略共识

战略共识要解决的本质问题是企业最核心团队的左右打通，也就是企业一把手和他的高管团队就战略思考"拉齐"的过程。同时，要鼓励一把手以开放的心态倾听周围人有价值的意见。

在前一章中我们介绍了战略思考，企业一把手是战略思考的主要责任人，所以不断分析内外信息，反复思考企业未来发展方向花费了一把手很大的精力和时间。我们的观察发现是：战略思考很大一部分都停留在了企业一把手的脑海里，而在高管团队中缺乏有效和透明的双向沟通。造成这种结果的因素有很多种，但最重要的一种就是一把手或者关键少数人头脑/心态开放的程度不足。头脑/心态封闭的人不喜欢看到自己的观点被挑战，即使征求他人意见或者建议，也是由此希望证明自己是正确的，而不是真的想要其他人提出不同观点。而头脑/心态开放的人更擅长抛砖引玉，对他人的观点有强烈的好奇心，他们愿意花时间和更多的人一起共创，一起经历战略思考的过程并形成对战略方向的一致性看法和关键行动。

如何一起经历这个过程，如何在这一过程中走向共识？

4.1 常见的迷思和误区

战略共识并不是将一把手对战略的思考向高管团队宣讲，而是一把手在分享自己的思考的基础上，倾听不同的观点，以共创的方式形成共识。战略思考产生的是战略的方向和机会点，战略共识产生的是企业未来三年的战略屋（战略屋是一种普遍用来定义战略和描述战略的呈现方式，在下文中会详细描述）。在战略屋中不仅要明确未来三年的业务组合，同时也要对关键资源和关键行动进行讨论并达成共识。

4.1.1 战略共识≠曲高和寡

太多完美完整的战略曲高和寡，几年后回头看，发现当时思考的战略方向是对的，但并未真正落地和执行，不仅延误了战机，也让企业的发展陷入新的困境。保险行业有一家民营企业有着非常敏锐的市场洞察力，20年前就提出养老服务有着巨大的发展空间，希望致力于与养老相关的保险服务。但是，由于种种原因，这样的前瞻性预判和思考，并没有及时地在高管团队中进行充分的讨论，一把手一个人的摇旗呐喊虽然也一定程度推动了业务的布局，但毕竟没有力出一处。所以时至今日，虽然最早提出这一理念，但业务的发展并非一帆风顺，甚至有些公司启动此类业务至少晚了10年，但业务的发展已经非常迅猛，业务模式也有了非常多的创新，当然给企业带来的回报也是丰厚的。

4.1.2　战略共识 ≠ 一把手宣讲

如前所述，相当多企业的战略思考都是由极少数人完成的。战略思考后，一把手或战略负责人会以不同形式来宣讲战略，让更多人理解并执行。常见的形式包括开宣讲会、领导讲话、企业刊物/宣传册等，但这些沟通大多都是单向的，即使有答疑环节，也相对简短和表面，答疑现场的问题通常既不深刻也不尖锐，甚至有时大家听完完全没有问题，全场鸦雀无声。这种种现象会给宣讲战略的人一种"大家都已经理解公司的新战略了"的错觉。殊不知，听的人可能根本没有过脑，更不用说走心了。在思维层面，是"一人有一个梦想"，但找不到合适的机会去参与和表达，对于听到看到的战略要么并不真正理解，要么听完了事，再要么内心并不认同但还是选择"少说多听"。平静的外表下，实际远未达成真正的共识，更谈不上内心认同和被激发了。

4.1.3　对战略有疑问 ≠ 水平不够或态度不好

我们发现，很多企业的高层，对战略都有或多或少的顾虑和疑问，但并不愿意去表达和追问。为什么不去问、不去讨论呢？关键问题还是出在组织的一把手。制定战略的一把手或者极少数人，因为接触到的信息更前沿，自己确实也想得很多、很透彻，所以对自己的战略选择很有信心。当面对不同意见时，他们往往容易认为其他人没有深思熟虑，没有大局观，看问题太偏激/太保守等。如此"上纲上线"得太多,会让提问题、提意见的人望而却步。谁也不希望被领导看作水平不够、能力不够,甚或被看成态度不配合、故意抬杠,那还不如选择不发言、不表态的好(没意见也就意味着不用承担责任)。

其实,大家对战略有疑问或看法,有诸多可能的原因:包括认为思考和制定战略就是一把手的事情,前期缺乏参与战略思考过程造成了信息不对称、对外部市场和内部资源的理解判断不一致,担心战略的落地和可实现性,担心战略的变化对自己有负面影响,等等。这些都是正常的、常见的顾虑。所以,让大家放下包袱敢于提问和挑战,是企业领导者要解决的关键问题之一。

4.1.4 强制执行≠执行到位

我们常常听到企业一把手说"别管那么多,按我说的做吧""战略是少数人去想的,理解不理解你先给我这么做"。殊不知,在没有共识、没有努力充分沟通的情况下,大家尽管看起来是在执行,但执行的偏差有可能非常大,甚至根本无法执行到位。

当然,即使不太理解,也可以用强悍和细致的管控体系来解决部分的执行偏差问题,但体系永远只能解决部分问题,如果人心能齐,更能事半功倍。有战略共识的执行和强制盲目的执行,两者的投入产出比,恐怕相差不止一个数量级。

4.1.5 一次共识 ≠ 从此安枕无忧

一个极端是不求共识、不求甚解地强制执行，另一个极端则是花过多时间追求集体共识和沟通，完全达成共识了才开始执行，而且期望一次共识达成后，从此安枕无忧。其实，所谓共识，追求七八分即可。求大同存小异，对大方向和关键点达成基本一致、没有重大分歧，就可以推动执行了。不必追求完全的共识而花掉过多的时间。更重要的是，共识并不是一次就能达成的。有些人需要更多的时间（甚至在实战中的体验），才越来越能理解和趋同主流的共识；也有时因为情况多变，共识之后又有新状况出现，有些曾经认同的人开始摇摆和质疑。这些都是常见现象，需要大家不断讨论、不断建立共识。

如前所述，本质上，战略的生成和落地是个周而复始的循环，在整个循环中，每个环节都需要不断地沟通，共识的达成是一个贯穿始终的关键动作。

4.1.6 战略共识 ≠ 运用复杂抽象的框架、概念和术语

用简单的语言来表达复杂的战略过程和结论，是一种值得推广的能力。我们发现，有些公司在探讨和沟通战略的时候，用了过于复杂的框架模板（比如：数个多边形交织、多个环路嵌套，"画风"繁复），或者模板换来换去，再或者模板本身虽不复杂但讨论时使用（甚至生造）了很多抽象、含糊、不加定义的术语和概念（比如："深层环路""假设与信念"

"意念水平""敏捷生态"等一大堆名词）。这种情况，多发生于一把手或关键高管是理论派，醉心于模型，或者是技术派，喜欢谈论最前沿的技术时。其他人听不太懂这些概念，又不好意思打断一把手，不懂的时候也不敢问，这样反而导致澄清共识非常困难。如果能用最简单的语言，把本质的战略核心（比如说，钱怎么赚的，为什么别人愿意给我们钱）说明白，其实更能帮助澄清共识。

4.2 战略共识：5+1核心要素

理论上，战略的思考设计和战略的沟通共识是有先后顺序的，先思考（thinking）再共识（alignment）。而现实中，思考和构建战略的过程需要各种沟通、探讨、碰撞；而沟通共识的过程也在不断检验战略的合理性并做必要调整。思考和共识这两件事情常常是彼此交织、共同发生、彼此促进的。

战略思考通常是公司最核心的关键少数人的工作，而且只是相对清晰地确定了公司发展的大方向，解决了公司的宏观方针和长远发展问题。但对于公司中观方针和中期发展，公司中高层团队需要发挥更大的作用。所以，公司中高层特别是业务一线的领军人才越早开始参与战略的讨论，越深入理解公司的战略方向，对思考和制定业务战略、职能战略和中期战略目标等都将发挥重要作用。这个参与讨论、思考、明确业务战略、资源配置和凝聚人心、激发能量的过程就是战略共识的价值所在。

第 4 章
战略四重奏之二：战略共识

战略共识的关键点可以参考下图，包括五大关键要素和一个核心。

第一要素是感人至深的初心回顾。如前所述，很多公司在讨论战略的时候，往往忽略了"为什么出发"这个最深层次的驱动力，也就是企业的初心，长期存在的使命，所以在进入战略讨论之前，所有参与人员一起回顾并分享成功的历史、感人的画面，会帮助团队成员快速地从日常的工作中脱离，从现在的"位子"上离开，从全局和大画面进入讨论状态，确保大家在一个层面上探讨问题，达成共识。

第二要素是激动人心的愿景展望。使命是企业家和企业的梦想，是几代人甚至永远为之努力奋斗的灯塔。而愿景是有一定时效的。使命以他人为中心，愿景则是以自我为中心，描述我们想成为什么样的企业，比如成为国内某行业的领跑者。对愿景的共识是讨论战略共识的前提，不同的愿景会导致不同的业务模式、不同的战略路径和发展节奏。

第三要素是开阔视野的洞见输入。在战略共识阶段，很多企业一把手会认为自己的高管团队和自己的差距太大，无法真正讨论战略问题。殊不知，正是因为没有给高管团队成员提供必要的开阔视野的输入，才导致一把手和高管团队的差距越来越大。在讨论和达成战略共识前，邀请技术专家、行业专家、投资人、政策制定者、KOL（关键意见领袖）等进行信息的输入也是非常重要的开阔视野的方式。

第四要素是激发斗志的战略描绘。愿景的共识会激发大家积极的情绪，但如何实现愿景、分几步走、每一步的目标是什么、每个阶段的业务组合是什么、孵化业务应该在哪个领域下功夫、新科技和传统业务如何结合、财务结果会受到怎样的影响等一系列问题，都是战略制定和战略共识的重点讨论内容。每一个问题的讨论都需要以不同的立场、不同的视角、不同的观点反复论证。

第五要素是舍我其谁的共同承诺。达成战略共识后，纸上谈兵的推演要真正成功，离不开高层团队个人的承诺和集体的承诺。每一个掌控资源的大将需要完全认同并承诺回到自己的"地盘""位子"后继续推进共识的战略而不是继续推进自己的原有想法。

战略共识能否成功除了上面讲到的五大关键要素，还有一个关键核心是是否建立了开放辩论的氛围而非对错之争。辩论是以证据或者数据为基

> 战略共识能否成功的关键是是否建立了开放辩论的氛围。

础的,是独立思考的一个产物。辩论双方或多方的观点代表了各自根据自己掌握的信息或者对某个事物的独立思考而得出的结论或者对问题的见解。所以,战略共识的前提是每个参与战略共识过程或参加研讨会的人都需要提前独立思考,并在此过程中坦陈自己的观点,用事实或者数据捍卫自己的观点。战略共识中辩论环节的设计非常重要,既要让每个参与人旗帜鲜明地表达自己的观点以及观点背后的假设,尊重和认真倾听每一个人的发言,又需要控制好节奏,让辩论高效,不是为赢得辩论而辩论,甚至上升到对个人的成见。当辩论中出现互相不认同、分歧非常大的情况时,可以安排辩论双方互换立场,真正做到换位思考,为公司寻找最佳发展方案。

4.3 达成战略共识的具体过程:理性烧脑,感性走心

这里提醒一下:辅助达成战略共识的相关工具不少,流程也可以根据企业自身的情况进行制定,但最关键的不是工具和流程本身。企业可以参考咨询公司的模板,也可参考其他公司的实践,但更重要的还是分析和明确自己想要达成的重要目标,据此选择合适的工具和模型。

我们下面将介绍一个典型的流程,在此步骤中,要时刻回应战略共识的五大关键要素和一个核心:感人至深的初心回顾,激动人心的愿景展望、开阔视野的洞见输入、激发斗志的战略描绘、舍我其谁的共同承诺,以及建立开放辩论的氛围。

战略破局
思考与行动的四重奏

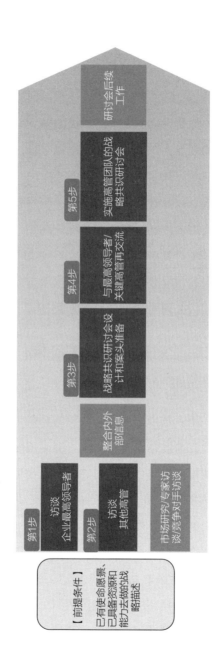

假设企业一把手自己（或者和少数人一起）已经清楚公司要去哪儿（即"战略思考"基本到位），但还没做到"左右打通"，那么就可按上述流程来推动战略的共商和共识。当然，一把手等关键人员也有可能在战略共识辩论的过程中受到新的启发，然后决定重新回到战略思考这一步骤，这也是战略共识辩论的巨大的价值。

下面，我们详细介绍战略共识的重点工作步骤及注意事项。如前所述，为了更加客观和全局地描述具体过程，此处特意用"工作小组"的视角进行（后面的章节也将采取同样的视角）。

第1步：访谈企业最高领导者

访谈最高领导者时，工作小组就需要出场了。工作小组人员可以是内部高管也可以是外部顾问（最好工作小组里有人是能读懂最高领导者的左膀右臂），扮演的是变革推动者的角色。访谈的过程也需要最高领导者的努力和配合，如果最高领导者希望更多高管和员工能打心眼里理解和认同这份战略，并积极自发地向正确的方向努力，他投入这些时间和精力就是必要的。

不同的行业、不同的发展阶段、不同的变革重点，需要挖掘并记录下来的问题并不相同。比如，某家企业在最开始思考过的战略性问题包括以下内容：

重要提醒： 针对这些问题，组织需要找到过去、现在和未来三个时间点的答案，因为需要兼顾考虑这些重要事项在时间轴上的可能变化和相关原因。同时，也要判断战略实现所需要的速度，因为不同的速度需要不同量级的资源，实施的难易程度也很不相同。

- 我们在哪个行业竞争？我们要改变行业的格局或游戏规则吗？我们要创造新的行业吗？
- 我们的产业和服务是什么？我们靠什么赚钱？现金流在哪里？
- 我们的业务组合是什么，未来是否需要调整？哪些是重点业务，哪些是支持业务，哪些业务未来要被淘汰？
- 我们的目标客户是否需要扩展或者改变？我们现在的客户和潜在的客户为什么要选择我们而不是竞争对手？
- 我们在哪个区域竞争？哪些地区是我们的主战场？是时候扩张到海外了吗？
- 谁是我们的竞争对手？谁是我们的合作方？我们的竞争和合作策略是什么？
- 我们是否要在价值链上进行延伸？我们是否要改变行业价值链的游戏规则？
- 我们的重资产战略是否需要改变？
- 未来我们靠什么增长，对增长的速度要求是怎样的？
- 我们的内部能力面对未来的机会时是否跟得上？资源是否足够？暂时缺乏的资源是否能够获取？获取的成本和代价是怎样的？

......

第 4 章
战略四重奏之二：战略共识

除了类似的问题清单，也可以借助一些战略分析的工具和模板，用工具或模板里提示的角度和问题（比如，借助本书"战略思考"部分提到某些工具），去询问最高领导者。要留意的是：有时候企业最高领导者从不同角度给出的答案可能相互矛盾。比如：最高领导者提出对增长速度的要求很高，但进一步追问增长方式及资源的时候，却明显匹配不上这个速度要求。那么，工作小组人员就需要继续深挖。有时，深挖的过程中工作小组人员会发现最高领导者很多事情还没有完全想清楚，那么就得回到上一个步骤（即回到战略共识的前提条件），要对战略描述进行再度思考和决策了。

除了这些"烧脑"的问题，工作小组要留意还有"走心"的部分，要留出足够的时间，去深挖企业最高领导者（尤其同时也是创业者的那些领导）的梦想、创业的冲动点，以便更好地理解和描述使命、愿景、展望，以及事业的初心。

这样的访谈肯定不能只有一次，而是要多次进行，时间长短不一，由浅及深，多角度探测。在此过程中，也要留意最高领导者的个人特点和沟通风格。有的领导性子急，思维快速而跳跃，他的表达也可能很跳跃，别人不容易跟上他的思路；有的人喜欢言简意赅，只讲结论和判断，不爱多讲背后的逻辑、来龙去脉；也有的人表达时喜欢用抽象的词汇或宏大的概念，但没转化成人人能懂的大白话。我们曾遇到过很多客户人员表达"我们老板特别不靠谱，一会儿这样一会儿那样，今天往东明天往西"，其实，我们后来常发现最高领导者"不靠谱"

的表象背后往往有相当靠谱的智慧，只是未被加以挖掘、梳理和雕琢成形。所以，需要有人去把最高领导者脑子里的战略思考挖掘和翻译出来。工作小组人员要做的就是挖掘这份经过深度思考的智慧，用相对符合逻辑的方式和简单直白的语言翻译出来。在此过程中，要和最高领导者反复澄清和确认，因为挖掘和翻译的过程也是帮助最高领导者整理和深化他的战略思考的过程，是进一步的锤炼和敲打，促使他想得更清楚。

第2步：访谈其他高管

创造一对一的安全环境，去询问其他高管对战略的看法。之所以要用一对一的方式，是希望消除担心、焦虑等尴尬。在与高管成员沟通的时候，先不要把最高领导者的战略选择告诉他们，避免给他们带来压力或惯性依赖，影响独立思考。大量过往经验表明，企业最高领导者和高管们对几个关键问题的答案往往很不一样。常见的原因可能包括：

◇ 自我角色定位不同。有些高管自认为只负责执行分管领域的工作，而不用考虑全局性的战略。
◇ 信息不对称。通常最高领导者掌握的信息更全面，接触层面更高，相对而言，其他人视野有限、掌握信息不全。
◇ 对行业未来趋势的判断不一致，甚至对所处行业的边界和定义，或者公司内部常常提及的一些术语可能都有不同的看法。
◇ 对新事物、新技术、新的竞争环境的敏感度不一样，导致对未来机会和挑战有不同判断。
◇ 对公司内部的资源和能力（特别是能力）的判断不一致。
◇ 对风险的偏好不一致，有的人激进、有的人保守。
◇ 有些高管深陷日常运营事务，没有习惯去思考战略问题，对有些战略问题回答不上来，甚至根本没想过。
◇ 能力有差异，高管们和最高领导者的眼光格局和战略思维能力不一样。

挖掘高管个人的战略思考和选择时，工作小组人员要充分理解并同理化各利益相关方的顾虑，因为变化总是会让人产生不安的，高管们此时可能产生各种情绪，这很正常。心理的不安会导致一个高管在回答战略问题时表达反对意见，而背后的原因很可能是多方面的。作为变革推动者，就需要敏锐地捕捉，让对方的情绪或想法得到完全的表达。

举个例子，某高管不同意新区域扩张的战略，表面上的理由是这个区域的竞争太多（这也确属事实），但可能他没有表达出来的更大的顾虑是：如果扩张到新区域，团队很多成员就得举家搬迁，这让他很难开口，因为这些员工很大一部分是他自己招聘的，当时还曾对工作地点有过承诺。看似一个小细节，但如果不能及时捕捉到他真正为难的地方，后面的战略共识和解码就一定会遇到阻力——找不准真正的问题，就无法提供针对性的解决方案。

当然，这个过程，也是初步去挖掘这些高管洞见的过程，在相对轻松的访谈环境里，对方受到鼓励，更愿意去表达。也许在对方平时习惯的工作场合和状态下不一定有很多机会来充分展现自己的才华,那就需要创造更有支持性的氛围,帮助高管整理思路、挖掘洞见。

还需补充一点的是,工作小组人员应该如何看待企业一把手和高管们战略理解方面的差异呢?我们认为,要避免把一把手说的内容当作标准答案去检测高管们的认知对错,不要轻易评判或否定高管们的想法,而应认真倾听,多问"请具体说说你的理解""你是否知道自己的理解和你老板的见解之间的差异""你为何会有这样的看法""是什么导致你有这样的感受"等问题,深入理解想法背后的"为什么"。可提醒高管们后面会有共识/共同探讨的过程,希望他们积极思考和准备;也可在战略共识研讨会前给高管们布置一些功课,安排他们分头做些专题调研,对关键问题有深度的独立思考等。

第3步:战略共识研讨会设计和案头准备

对一把手和重要高管们深度访谈之后,认真分析得到的信息是非常重要的一步,有助于提前准备在研讨会时输入的洞见。从访谈信息中通常可以得出的内容包括:

◇ 高管们谈战略的时候,涉及哪些重要话题(如业务模式、目标客户、区域市场、增长速度等)?
◇ 哪些重要战略话题,是很多高管忽略的?
◇ 在同一战略话题下,有几种不同的观点(特别是高管团队与一把手的观点之间有哪些不同)?

◇ 产生这些不同观点的原因可能是什么？是对市场的判断不同、对内部能力的理解不同，还是其他原因？
◇ 除了战略话题以外，高管还谈了些什么重要的事情？
◇ 高管的整体状态（态度立场和情绪心态等）如何？
◇ 就战略达成进一步共识的重点可能在哪？还有没有其他亟待解决的问题（如：经过访谈，发现文化或信任方面出现了大问题）？

除了访谈的信息，还需要相关部门（如战略部、人力资源部、运营部、财务部等）提供市场数据、公司过去的关键业务及人员组织等数据，同时需要协调安排好外部的专家、投资人、KOL 等输入内容。

第 4 步：与最高领导者/关键高管再交流

工作小组收集高管们对新战略的意见和建议并加以整理后，要回到企业最高领导者那里。我们建议隐去高管们的姓名，将信息分类，归纳成不同的主题再做交流。有些倡导开放文化的企业愿意选择实名制反馈，这有利有弊，但对于国内的大部分企业来说，匿名制还是利大于弊的。

看到这些反馈的时候，一把手常常会有些意外。此时，工作小组首先可以引导一把手换位思考，为什么其他人会这样去想呢？是否与他们的岗位、视角等有关系呢？是否沟通的深度不够呢？然后，引导和协助一把手从以下几个方面进行思考和决策：

◇ 哪些反馈是有建设性意义的？（建议根据不同的战略主题，每个战略主题下写清楚有几种不同的意见、每种意见背后的考虑和假设是什么。）

◇ 除战略主题外，高管们可能会对变革产生哪些情绪上的问题？大家在担心什么？（要思考变革对每个人可能产生的影响，哪些是积极的影响，哪些可能对个人带来高风险。高管的安全感指数与最高领导者是不一样的，此时，需要提醒最高领导者在情感上多些同理心和耐心。）

◇ 是否有比达成战略共识更重要的事情，需要优先去解决？（这里有一个对先前假设的修正过程，需要再次考虑：企业目前最大的问题是什么？最应该马上要做的事情是什么？）

◇ 针对这些反馈，下一步的沟通方式如何？

除了向一把手反馈，工作小组人员还需要带着这些信息和思考，去和一些其他关键人员碰撞，校正一些可能性，也激发他们更多的深度思考。这些关键人员可能包括：

◇ 高管中的关键人物；
◇ 意见领袖（虽不属高管团队，但在组织中地位/声望/经验/角色特殊，很有内部影响力的人物）；
◇ 高管中有特别大负面情绪的人（刺头）；
◇ ……

第 5 步：实施高管团队的战略共识研讨会

我们强烈建议采用现场研讨会形式，而不是通常意义上的"排排坐，开大会"或者线上沟通。唯有真正的集体参与、共同研讨才能达成真正的共识。

一场有成效的战略共识研讨会，要从感人至深的初心回顾开始，探讨激动人心的愿景展望，要让所有的与会人员牢牢记住大家的使命和初心，这是做事业的前提，也是成功召开一场研讨会的前提。同时，要鼓励更多人去思考，由于每个人的视角、知识面和所了解的信息不一样，这也是相互开阔视野的机会。

从讨论的时间段来看，要把会议分成两个时段，分别为两种性质，并且对这两种不同性质的时段，要制定不同的游戏规则：

◇ 头脑风暴时间段：针对每个重要话题，都应给予足够的自由讨论时间（此时可以借助一些战略模板和工具进行引导）。由于研讨会前做好了功课，工作小组人员已提前知道每个战略主题下面有几个选择、分歧可能在哪儿，并选用合适的工具/框架来定制化地引导讨论。在这个时间段，要鼓励大家多发言，特别要鼓励不同的声音说出来，多挖掘背后的假设，引导大家一起来看这些假设是否有道理。比如：某高管发言，觉得进入 A 市场比 B 市场更有吸引力，那么工作小组人员就要追问为什么。如果他回答，因为 A 市场规模发展更快,那么可以问他有没有考虑过A市场的竞争情况(如果前面的讨论得出"竞争是一个重要考虑维度"的结论的话)。也许另一部分高管选择B市场,那也可以请他们把背后的假设说出来(比如:考虑了我们的资源匹配和政策风险等)。然后,把选择A的假设条件(市场增长或竞争)和选择B的假设条件(资源匹配和政策风险)叠加结合起来,让大家一起来分析、权衡A和B的利弊。

头脑风暴时间段,需要对企业一把手明确一些规矩,包括:要营造民主的氛围,要鼓励大家畅所欲言;自己不要太早发言,避免太早给答案定基调,而压制了其他人的不同观点;大家在发言的时候,一把手要认真倾听,不要急于打断或反驳。在实践中,我们多次遇到这样的情况:企业一把手实在太能说、太想说了,于是只好请他暂时离开,先让其他高管放开了讨论,工作小组人员记录关键点,最后再请一把手回到会场。有些一把手可能会说:"没关系的,我们工作氛围非常好,大家都有话就说,他们不怕反对我……"但实际上,我们发现大多数国内企业的最高领导者可能还是不同程度地高估了自己营造的氛围的民主程度。

> 头脑风暴阶段,为让大家畅所欲言,需要对企业一把手明确一些规矩。

在这里我们强烈建议重大战略问题,比如从擅长的C端业务进入B端业务、从B端业务进入C端业务、第一次进入某个技术领域、第一次进入某个国家、第一次拓展价值链的上游业务等,都需要充分的深度讨论。这个环节就可以引入我们前面提到的战略共识的关键核心——辩论。

◇ **决策时间段**:正如制定战略一样,战略共识也很难通过少数服从多数的方式来达成。因而,会议开始时,工作小组人员就要引导大家一起讨论好"决策规则"。关于重要战略话题的决策是企业变革中非常重要的环节,也理应由企业一把手来承担更多。

> 决策时间段,要提前引导大家一起讨论一些决策规则。

我们认为:在头脑风暴时间段,对每个重要话题要敞开来谈,要有逻辑、有依据地谈,把背后的顾虑用各种方式表现出来(会中的表达、会前的匿名搜集等),此时,一把手要沉下心来认真倾听(语言)和感受(情绪),很多高管的智慧会在这个过程中被激发出来(也有不少一把手告诉我们,没想到他的团队成员有很多想法非常好,对自己很有启发),对修订补充一把手最初的设想非常有帮助。但到了决策时间段,就由最高领导者决策,一旦决策拍板,大家就要坚决执行,不质疑,不纠结。除非外部环境或内部条件有重大改变,那么在下一轮的复盘会上,可以再次讨论、再次决策之后对战略共识加以修订。这应该成为一条非常重要的规则。

研讨会这种形式,能让大家有很强的参与感,有了参与感，有了贡献，就会带来认同感，特别是自己的某个意见被采纳的话，这种认同感就更强烈。有了内心的认同，执行起来才更有信念感，大家的力气就往一个方向使了。同时，有引导、有框架的讨论，能够让大家用一套相对一致的语言进行对话，加强大家理解决策背后的思考，避免一人一种表达习惯。在组织内部统一沟通的语言会减少很多不必要的误解、提高沟通效率，所以，在战略共识和后面讲到的战略解码研讨会上，统一沟通语言是非常重要的。

另外，战略共识的这种研讨会方式，有时会让部分高管感觉不习惯。这可能是因为大家平时陷在大量的日常经营中，很少思考战略层面的问题，也可能是因为大家习惯了听老板的答案，让干什么就干什么（可惜这种盲目的"干"的质量和效率往往并不高）。因此，借由战略共识的充分研讨，也能培养高管的战略思维能力和独立思考的习惯，同时也有助于打造更开放和互相学习的组织文化，让高管们不仅用手，用心，更要用脑。

为了开阔视野，增加洞见，战略共识研讨会也可以在某些话题上邀请专家共同探讨。

最终，战略共识研讨会需要产出激发斗志的战略描绘，以期在更长的时间内激励更广泛的人群。

通过一系列会前精心准备，会中辩论和决策，最终需要达成战略共识，产出战略屋。只有这样，每个参与战略共识过程的高管才能真正把一把手的战略变成"我们"的战略，公司的战略也才能真正落地执行。常见的战略屋如下图。

第 4 章
战略四重奏之二:战略共识

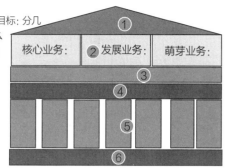

① 实现愿景和目标的路径及阶段目标:分几步走,每一步的关键目标是什么
② 第一阶段业务组合、目标、策略
③ 每个业务的制胜法宝
④ 每个业务的拓展方式
⑤ 每个业务的关键举措
⑥ 我的承诺

战略屋的基石是企业的愿景和目标。一般公司都会用一句话描述企业的愿景,比如阿里巴巴的愿景和目标是:1)活 102 年——我们不追求大,不追求强,我们追求成为一家活 102 年的公司;2)到 2036 年,服务 20 亿消费者,创造 1 亿就业机会,帮助 1000 万家中小企业盈利。

不同公司的战略屋包含的内容可能有差异,但基本的元素是一致的:

1)实现愿景及目标的路径和阶段目标,包括分几个重要的阶段实现愿景,每一个阶段实现的时候目标体系是怎样的。这就相当于我们要攀登珠峰,但不是一步可以登顶的,所以需要根据不同的路径在不同的海拔建立登顶的营地。

2)第一阶段的目标,业务组合和竞争策略。一般来讲,一个阶段大概是 2 到 3 年的时间,时间太长很难有准确的业务判断,时间太短又无法有长期视角,而且有些战略问题也不是短时间可以解决的。在业务组合中通常会将业务分为核心业务、发展业务和萌芽业务。核心业务一般来讲就是成熟业务,是现阶段企业最重要的收入和利润来源,是公司现阶段的主业。当然成熟业务中也可能衍生出新的发展机会或者新的迭代产品和服务。发展业务是已经度过"从0到1"的阶段,商业模式和运作机制等已经明晰,未来2到3年进入快速的发展周期,可以为公司未来一段时间带来收入和利润的增长的业务。而萌芽业务是新的机会,尚未变成业务,还在摸索和探索期,还需要大量投入人力、物力和资金。

3)每个业务的制胜法宝,主要是从这个业务的自然属性、外部竞争、未来发展等多方面考虑并确定业务的竞争优势的。一般来讲可以从三个方面考虑,就是以成本领先制胜、以技术领先制胜,和以服务领先制胜。制胜法宝的确定可以帮助企业集中优势兵力和资源打造核心竞争力。比如海底捞以服务领先制胜、苹果以技术领先制胜、沃尔玛以成本领先制胜都是经典案例。多元化集团每个业务的制胜法宝可能是不一样的,但也需要通盘考虑集团不同业务的协同作用。

> 业务的制胜法宝可以从三个方面考虑,一是成本领先制胜,二是技术领先制胜,三是服务领先制胜。

4)每个业务的拓展方式,是自营还是加盟或者联盟,是靠自我投资发展还是并购式发展,是自建营销团队还是外包销售渠道等。

5)每个业务的关键举措,指的是未来2到3年这个业务要达到第一阶段的战略目标需要抓的几个关键点或有待重点突破的领域。

6）我的承诺，这里更强调每个业务的负责人根据目标和现状的分析，要制定详细的行动计划并承诺承担责任、执行到位。

4.4 达成战略共识的实际操作中的常见问题

作为第三方顾问，我们观察到很多企业达成战略共识的过程会遇到形形色色的困惑和问题，我们也积累了很多心得和经验，在这个部分里且归纳为"需要避开的坑""我们的诀窍"和"其他常见问题"三个部分，与大家分享。

4.4.1 需要避开的坑

1. 重视战略思考，但缺乏对共识的关注

我们在很多真实的案例中观察到，一把手自己会投入很多时间去思考战略，也将自己思考的结果通报了高管。一把手想当然地认为，高管们肯定听懂了自己的战略，而且是赞同的。但实际上，高管们在战略共识方面存在着很大的问题。反过来，如果一把手在构思战略的过程中较少引入高管一起来思考和设计，大家的参与感和贡献感都不够，达成共识就会更难。

2. 认为大家意见不一致仅仅是因为对外部市场和内部能力的理解不一样

对外部和内部的理解不一样，当然是战略无法达成一致的

重要原因，这种不一样往往也比较容易发现。但很多时候，是关键人员的心理因素（如不愿意走出舒适区，不想表现出自己的能力弱，担心影响个人的生活，比如说不想换个城市工作，等等）造成的不认同，这种类型的不认同往往没那么容易发现，因而更容易影响沟通的效率。

3. 工作小组人员没有关注到一把手不习惯或者不喜欢研讨会这种方式，就匆忙召开研讨会

有些一把手并不喜欢以研讨的方式来开会，而更倾向于"我说你听"的方式，这里主要有以下两种原因，要区别对待：

◇ 原因一：一把手还不习惯这种研讨的方式，或者不信任高管的能力、对讨论的有效性心里没底。这种情况相对容易解决，只要敢于尝试，可能一两次研讨会之后，让一把手体会到这种更开放的方式带来的意义和好处，他就能慢慢接受和习惯了。

◇ 原因二：一把手还是倾向于自己"高高在上"的状态，希望维护自己在他人心中的强大形象（甚至也可能是担心暴露出自己的不足），而不喜欢和高管或者更多人以平等的方式讨论。如果是这种情况，工作小组人员则需要为一把手做些精心设计，会前和一把手充分地私下沟通，而在研讨会现场则维护好一把手的"神秘感"，可观察旁听为主，最后拍板做决策。当然，长远而言，还是建议一把手不断修

炼自己的心态，要敢于在其他人面前暴露自己也许并不完美的形象，这样才更有利于企业的发展。

4. 关键的人员没有参与达成战略共识的过程

我们发现，缺乏参与感有可能是致命伤。如果关键人员既没有参与前面的"战略思考"的过程，在共识研讨会前又没有被深入访谈，也没让他去提前思考和准备相关话题，那么他对这事就基本是"懵圈"状态，甚至很有可能产生严重的抵触情绪。而且，越可能对战略方向产生质疑的"刺头"或负能量人物，越需要我们提前做些工作，私下沟通、多方影响、提前管理和铺垫好。（同样道理，应该参加而没能参与战略共识研讨的关键人员，也会在后续的战略解码和实施过程中出现问题，成为阻碍因素。）

而且有些关键人员的参与，对信息的输出、讨论的质量是很有影响的。他们如果不参与，讨论的过程会少了很多有建设性、有价值的辩论，也常常会因为缺乏深度的信息、缺乏专业的判断能力，而影响某些话题讨论和决策的质量。

4.4.2 我们的诀窍

1. 一把手（或几个关键人员）的准备度自测

一把手（或几个关键人员）的准备度（包括心理准备度）很重要。在推动战略共识之前，建议企业最高领导者（们）可用下面这些问题先自测一下：

- 我是否还记得自己的初心？
- 我能清楚地知道企业的使命和愿景吗？我相信我们能做到吗？
- 关于关键战略问题的答案，我自己清楚吗，坚定吗？哪些清楚，哪些不清楚？
- 关于关键战略问题的答案，高管团队的每个人都清楚吗？哪些清楚，哪些不清楚？
- 我和高管团队对每个关键问题的答案都一致吗？
- 高管团队是否都非常认同这个战略方向？哪部分认同，哪部分不认同？为什么不认同？
- 对于这个战略方向，每个高管是否知道自己和自己的团队如何发挥作用、做出贡献？
- 我是否清楚地了解每个高管的真实能力？我对他们的评估是否客观？
- 高管团队是否与其他团队成员沟通过战略？用什么方式和语言沟通的？沟通后的效果如何？团队成员确实理解了吗？
- 如果已经与员工多次沟通战略，员工还是不理解，或各有各的理解，那是为什么？还有什么办法达成共识？
- 对于同一个战略话题，高管成员们有不同的选择，这些选择背后的假设，大家相互之间是否清楚？这些假设都成立吗？需要进一步认证吗？

> - 除了对业务的理解或者假设不一致以外,还有没有其他方面的顾虑?比如说,有关键团队成员不愿意离开自己的舒适区,又或者是害怕露怯吗?
> - 我们企业的文化是否能让大家表达真实想法?我是否要带头做些什么来鼓励大家畅所欲言?我是否真的能够换位思考,倾听别人?
> ……

2. 研讨会的过程中,需要把握和面对意见不统一的情况

最常见的有以下几种场景:

◇ 由于大家掌握的信息和背后的假设不一致,产生的意见也不统一;此时,需要把不同的信息和背后的思考先说出来,参会人员一个个地分享自己了解的信息和数据,也包括自己的假设从何而来,每个人都要认真倾听别人的发言,信息足够了,假设都听明白了,有时自然就有结果了;当然,也可能观点都摆出来之后,信息还是不足够,缺乏关键的信息做决策,那此时确实需要慎重。

◇ 情绪在其中产生了影响:有时表面上看起来,是大家对事情的观点不一致,但背后真正的原因,是关键人的某种情绪让讨论无法继续下去。比如说,我们遇到一次讨论,有人认为新业务有足够的吸引力,有人认为没有,市场的预测数据也有不同的说法,听起来谁也说服不了谁。但其实

真正的原因,是某个关键领导者自己内心不愿意去接新业务。为什么不愿意接呢?其实是他自己不擅长,怕失败。如果不了解真实的抵触原因,而在现场就事论事地谈,可能很难有结果。

◇ 一把手还需要更多时间去思考和决策:信息都摆出来了,各方观点也都尽情表达了,但战略也不是 1 + 1 = 2 的事情,需要选择。获得的同时也可能失去,还可能存在风险。当一把手就某些话题还需要一些时间去决断,现场就有可能出现"卡壳"的现象。

4.4.3 其他常见问题

1. 分明大家都表示"知道公司的战略",真的还存在"不同欲"的问题吗

很多时候,我们观察到的现象是:面临新的战略或即将要发生的变革,企业一把手和其他高管的兴奋点和紧迫感看起来完全不在一个水平上。从被动的"知道",到主动的"同欲",往往有很长的距离要走。

因为,面对一把手的豪情壮志和兴奋憧憬,高管们很可能压下了心里的各种疑问、想法和情绪。他们没问出口的问题可能包括:这个新方向是什么意思?为什么要做转型?现在的业务还在上升期,为什么现在急着转型,晚两年不行吗?我很怀疑这个新方向,可能压根不适合我们?我们的资源和能力都不

够，新的投入很可能打水漂吧？老板想法太多，天天变，这个想法说不定很快就又过去了吧？这和我现在负责的业务有什么关系？对现在的业务会有影响吗？我需要做什么？做好了会如何？做不好又如何？是否会调整我的考核指标？怎么调整？等等。

有时，一把手沉浸在自己的憧憬和兴奋中，没有关注到高管们的情绪、问题、顾虑。有时最高层领导假设只要和大家沟通了自己的想法，高管们就会理解并赞同。遗憾的是，这种假设并不成立。根据我们的咨询经验，很多组织或多或少都有这个问题。

这是典型的战略共识度不足、战略沟通不到位的问题，称为"左右不通"。如果高管团队没有搞明白公司最重要的战略话题，就很难要求普通员工理解战略。那不理解会如何呢？当员工不理解公司战略的时候，他们会对公司缺乏信心、缺乏归属感、缺乏与组织的链接，很可能不知道也不会改变自己的工作重心，只会按惯性忙于眼下的任务。如果每个人每天做的事都和新战略、新方向脱节，那整个公司的战略就很难实现，也谈不上什么变革和转型了。

> 这种典型的战略共识度不足、战略沟通不到位的问题，称为"左右不通"。

在我们接触过的各行各业的组织中，超过80%的企业战略共识度都不高，背后有多种原因和情况，比如说：

◇ 很多时候，企业最高领导者（或一把手）低估了变革时期建立战略共识的必要性。因为大多数情况下，一把手是组织中最具有雄心壮志、前瞻眼光的人，也是最具有变革意识的人，但其他人未必具备这些特点，未必天然就和一把手同步或同频。所以，我们首先要意识到，一把手和其他人的差异是天然存在的，战略共识不是天上掉下来的，而是需要付出额外努力去建立的。

◇ 有些时候，一把手自己想好了变革方向和思路之后，自己拍板决策，只顾单向传达，既不征求大家的意见和想法，也不关注下属们的状态，不知道大家原来没听懂、不理解，也跟不上。

◇ 有些时候，一把手默认自己已经明确提出了新方向，其他高管或相应部门就应该"自觉"地承接。但这个新方向只是个概念层面的东西，没有更多细节，更没有落地策略和行动计划……结果一段时间过去，一把手惊觉大家并没有行动、没有落地，就打板子下去说"执行不力"。

◇ 也有些时候，企业最高领导者尽管意识到需要和大家推动达成战略共识，但没有明确谁来牵头；或者缺失了充分讨论的过程，更多是告知或指示，而其他管理者又没有积极思考或提供意见。于是高管们对这些新东西只是表面理解，但发自内心的认同程度不够，实际做起来也动力不足，执行时每一层往下都打一层折扣，最后到基层就只剩波澜不惊。

◇ 还有些时候，遇到大的变革和转型，部分人对改变是有恐惧的，不想离开舒适区，因此也没有足够的动力去理解新的方向，更不用说去认真达成共识了。在这种情况下，如果没有足够的有效沟通，共识就变得难上加难。

可见，组织变革的发生，首要的是达成战略共识和充分沟通，需要用明显的动作和足够的力度，把这件事情说破、谈透，然后和大家一起群策群力、共同解决。

2. 战略共识（和下一章的战略解码）随时可以启动吗

有必要强调一下：战略共识和战略解码是有一定前提条件的，即：战略共识的起点一定是对企业使命（mission）、初心的回顾，以及确立愿景（vision）和战略定位（战略思考时的产出），也就是说企业要在这个过程中基本确定自身做什么、不做什么、进入什么行业、放弃什么行业等。接下来再建立战略共识，让战略目标更一致、实现路径更明晰，同时也让人心

> 战略共识的前提是企业的使命、初心的回顾，以及确立愿景和战略定位。

更齐。这是一个共商、共创、共融、共担、共行的过程。也就是说，战略共识和战略解码的前提条件，是有决策权的企业的最高领导者（们）至少自己已经有个大致的方向性判断，或者至少对机会有了基本的思考。当然，战略共识中的辩论和战略思考总是相辅相成、互相促进的。

万一企业最高领导者还是不太确定某些关键问题，该怎么办呢？还是得先想办法琢磨思考战略，或者边做边找方向。这

种情况下，企业最高领导者就有必要邀请高层团队或者第三方一起讨论战略，先别着急建立共识和解码落地，大家尽可能搜集充分的数据和资料，提出一些挑战性的问题和思考角度，群策群力，理出思路，确定战略。

4.5 本章小结

谋定而后动，战略共识是谋划流程中重要的一个环节，发挥承上启下的作用，共识度越高，战略实现的可能性越高，战略共识也是在组织内部实现"左右打通"的关键。

- 成功建立战略共识的破局点是企业一把手认知和能力的提升。战略共识能力包括同理心、共情力、影响力、思考力和决断力。
- 建立战略共识的过程本身也是企业建设核心高层团队的过程，这一过程中情感的共鸣、理性的认知，不仅强化了每个人的战略思维，更重要的是形成了一个愿景、一个声音、一支团队。
- 战略共识的成果有且必须包含公司中期战略屋，对未来2到3年公司发展方向、发展目标、业务组合、战略资源配置等有个清晰的描述。
- 战略共识无法建立的时候，需要重新回到战略思考，不能草率地进入战略落地环节，否则战略不仅实施不了，还会延误战机。

战略破局
思考与行动的四重奏

第 5 章

战略四重奏之三：
战略解码

解事 ＋ 解人 ＋ 解心 ＝ 解码

第 5 章
战略四重奏之三：战略解码

按照定义，战略解码解决的是决策并达成共识后战略如何拆解、具体化为近期工作内容的问题，也就是从思到行、从说到做。这里有很多具体的工作要完成，不单是研讨会上的豪情万丈、群情激昂那么简单。一些企业强于执行、讲究速度，却也容易在战略解码这个环节出现一些"简单粗暴"的偏差。

5.1 常见的迷思和误区

5.1.1 战略解码≠分任务压指标

这属于比较基础和常见的误区。战略解码被简单地理解为一种"物理反应"，把战略做机械的分解，把大任务拆成若干小任务，把总的业务指标按区域、产品或人数分派下去就是了。而且，因为这样的物理拆解就是个简单算数题，好像也没必要做什么双向的沟通和讨论，就算有讨论，看起来也更像是数字上的讨价还价。

我们提倡的战略解码其实是一种"物理反应+化学反应"的糅合，它意味着对中长期的战略目标做"从远到

> 战略解码是一种"物理反应+化学反应"的糅合。

近"(先看看近期,如一年,要做哪几件大事)、"从虚到实"(讨论清楚这几件大事的实现路径和步骤)、"从组织到个人"(合理地用人、让责任到人)的翻译。而且,这个过程不是自上而下、铁板钉钉式的任务交付,而是依然包含很多对战略的思考和探讨,是在探讨中推动进一步的共识达成,又在探讨中把实现路径和细节一起设计出来的过程。至于任务的分派、指标的制定,是水到渠成的产出,深度参与了以上三个翻译过程之后,大家对任务和指标的理解和认同度也不可同日而语了。

5.1.2 流程走完≠解码完成

经过多场实践,战略解码在纸面上的流程、方法,以及相应的表格清单都比较完整了。但解码的本质,是把重中之重的、比较难处理的事情分配给能扛起担子、把事搞定的人,并倾斜资源配给。因此,抓住重点,而不是平均用力,是战略解码的关键窍门之一。表面上的流程走完,每张表格的每个空白处都填好,并不能保证解码到位,也不能确保解码的高质量。这个过程更多地还是需要思考的高度、抓住重点的能力,以及解决问题的水平。(虽说战略解码是"从思到行"的翻译,但依然需要很多思考,因为即便有了战略方向,还需要构思怎么实现它,要找到路径和方法。)

> 战略解码需要思考的高度、抓住重点的能力,以及解决问题的水平。

5.1.3 制定高目标≠解码成功

战略解码也常采用研讨会和群策群力的形式,现场很容易聚集能量。讨论过程中，大家互相承诺的氛围高涨，也难免存在群体压力，一些工作目标通常会定得很高。再加上，如果客观的数据和信息不够充分（或难以搜集），且"拍脑袋"也在其中占据了较大的比重，则更容易让目标往上"飙升"。我们鼓励合理的"跳一跳能够得着"的高目标，也赞同认真盘点资源、解决资源、释放出潜力条件下的高目标，但我们决不推崇那些完全说不清背后假设、无论如何都完不成的"虚高"目标。久而久之，虚高而总也达不成的目标，会让战略解码变成空喊口号的形式主义/宣传运动，这种方式在组织中很快会失去信用、失去效果。

5.1.4 解码到人 ≠ 事情落地

最高层领导们很容易有个心理假设：一旦把任务分到谁的头上，而对方也没反对或抗争，这件事情在领导者的心里就"打钩"了，认为自动完成了。在战略解码的过程中，我们也常常观察到这种假设：解码出来的重点工作都分配出去了，被安排的人也说"收到"了，那么事情就落地了。而结果往往没这么美好。

这其中，我们可能忽略了人的能力、人的真实意愿（即使是口头上说"我愿意"，也并不表示心里真的愿意用尽全力去做）、资源的确保、落地体系的保证，以及及时的纠偏，等等。这些因素都会影响任务的成败。

解码到人与事情落地还有很长的距离，需要更多的努力去跟踪，也需要找到适合本企业的落地策略。

5.2 战略解码：从远到近＋从虚到实＋从组织到个人

如前所述，战略解码是将战略共识的成果进一步分解为近期（通常是未来一年）的预算目标、制定实现目标的关键举措和行动计划，并明确关键举措的负责人和团队。这里有三个转换需要把握好，重点难点要"翻译"好，不遗漏，不失真，不避重就轻。

5.2.1 从远到近的翻译

前面提到，在战略思考和建立战略共识的时候，谈的是长期和中期的事情，但"千里之行，始于足下"，瞄准了未来目标，现在就得一步步开始做出来。战略解码就是要找到近期要做的几件关键的事情。这几件事要做成了，就能够有力地支持长期和中期目标的实现。这就是从远到近的翻译，需要围绕远期、中期的目标，思考阶段性的实现路径和工作步骤，需要讨论先做什么、再做什么。采用不同的策略，可能需要不同的行动顺序，近期也会有不同的行动重点。同时，还要看资源和能力的齐备度和可获得性，需要盘点哪些资源和能力现在就有或近期能够获得，而哪些资源和能力是近期无法获得、需要时间积累的。

5.2.2 从虚到实的翻译

在进行战略思考和建立战略共识的过程中，谈的是大的方向和选择，由于存在着相当多的内外部不确定性，战略思考和共识的结论听起来也会有点"虚"，而且容易变化。但战略解码是要链接思想和行动的，必须要落到实际动作上，虽然允许有一定的灵活性，但对接下来至少一年的重要事项，一定要千方百计尽量地想清楚、描绘清楚、辩论到细节。"到底怎样才能做得出来""要用哪些具体的资源""谁去做""什么时间去做"等非常具体和实在的问题，要在这个环节脚踏实地地加以讨论，并得出结论。这样才能实现对战略从虚到实的翻译。

5.2.3 从组织到个人的翻译

通常，我们要求参加战略思考和推动战略共识的每个人都能采用全公司的视角、以一把手的高度去考虑组织近期（如一年内）最重要的几件事。在"战略解码"的过程中，要有章法地把组织的重点工作分解和分配到个人身上，实现所谓"从组织到个人的翻译"。讨论组织的话题时，难点在于每个人是否能够有全局心态和视角，是否能够暂时摆脱自己的岗位局限性；而讨论个人如何承担重责的话题时，考验的不仅是每个人的勇气和担当，也是最高层少数人（尤其一把手）识人用人的眼光和勇气，同时还有整个组织是否有体系化的支撑，来鼓励大家"我要干"，确保不出现"出力不讨好"的现象。

要注意:所有的翻译,除了"物理"翻译以外,更要思考"化学"翻译。什么叫"物理"翻译和"化学"翻译呢?举例来说,如果要思考如何增长在国内某大区的销售额:

"物理"翻译:

- 提高华南区的销售额
- 提高华北区的销售额
- 提高华中区的销售额
- ……

"化学"翻译:

- 深挖 A 类客户需求,研发新产品,满足 A 类客户的深度潜在需要;
- 针对 W 产品,提炼出 W2 号服务,在华北区,开发需要 W2 号服务的企业类新客户;
- 在集团总部,成立案例研究中心,分析全国范围的成功销售经验,并快速有效分享和复制;
- ……

从上述例子可以看出,"化学"翻译更聚焦打法,需要聚集大家的智慧,找到制胜点。而"物理"翻译更接近于简单的任务分配。

5.3 战略解码的具体过程：步步为营，层层解套

这里也再提醒一下：和战略沟通共识的流程类似，战略解码流程也有不少工具和模型。同样，最关键的不是工具和模型本身，而是要选择适合自己的企业的工具和模型。我们下面介绍一种典型流程。

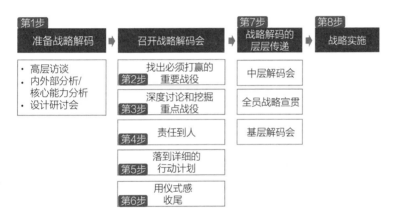

第 1 步，准备战略解码

如前面一章所述，建造了战略屋和进行了重要战略话题（如：区域定位、客户定位、价值链定位等）的讨论、澄清和决策，就基本完成了"战略共识"的建立。下一步则需要将这些相对远期的事情进一步显化翻译到当期，让战略落地。比如：把长期的战略转化成未来 1 到 2 年（通常是一个完整的财年）的明确目标、实现路径和重点举措，再继续分解到每个季度、每个月、每周要采取的行动，并商量好高管之间怎么分

工合作，彼此如何提供资源和支持。这个步骤就是"战略解码"，通过它，才能把长期的东西从远拉近、由虚转实、从组织任务分解到个人，确保战略真正落地。

我们仍然建议采用研讨会这种方式来群策群力，让大家一起探讨接下来1到2年整个组织最重要的几件事情是什么、谁来牵头做，以及应该做成什么样子。

在研讨会之前，企业一把手最好先自己闭门深思这两个问题：为了实现长期的战略和目标，接下来1到2年整个公司要集中力量办好哪几件大事？1到2年之后，这几件事做成什么样才对公司战略有足够的支撑，有利于实现长期目标？我们发现，很多时候最高领导者在思考这两个问题时会偏向理想化，把期望值定得非常高，以致1到2年后的现实和起初的设想差距太大，甚至影响信心。所以，要提醒的是，思考时有必要盘点一下组织拥有的资源、体系、能力等，可自问一系列更具体的问题：

> 要提醒的是，思考时有必要盘点一下组织拥有的资源、体系、能力等。

◇ 要达成那么美好的成功，我们的资源能否匹配？现有的体系是否能支撑？组织能力是否会制约？

◇ 如果资源和能力存在不足，是否有办法获取更多资源，或搭建某些体系快速培养一些组织能力？对做到这些所要付出的代价，我们是否愿意接受？

◇ 还有没有其他的重要制约因素，可能导致难以实现目标、过程不可控，或风险很大？

◇ 那么，基于这些考虑，1 到 2 年后要达成怎样的成功才更合适？
◇ 除了最高领导者外，其他高管也需要思考这些问题，它们是承上启下的，既是对战略共识进一步落地的思考，也是为之后召开战略解码研讨会做准备。

第 2 步，召开战略解码会（之一），找出必须打赢的重要战役

此次研讨，需要用较多的时间讨论、判断和决策：在接下来 1 到 2 年中，在与会高管团队的领导下，集全公司之力一定要做成的最重要的几件事情是什么——也称为"必须打赢的重要战役"（也常简称为"必赢之仗"，英文是 Must Win Battles，简称 MWB）。每位高管都需要提前独立思考并在会上讨论和回答这个问题，还要彼此挑战。工作组可以提前收集不同高管的意见，以便在研讨过程中做到心中有数地引导。

那么，什么样的事情适合列入这个公司层面的"必赢之仗"清单呢？"必赢之仗"应该包括以下特点：

◇ **有全局性**：通常是整个公司层面的，跨领域、跨职能/部门的事情（当然也有可能是某个专门领域的问题，但这个问题应该能引起全局的转型和改变，是公司整体变革的突破点，比如某项新技术的研发，尽管看似是研发部门的事，但它关乎全新的市场机会和新的组织核心竞争力）。

◇ **难度大，需要高层团队来牵头领导**：由于具有全局性，难

度也很大，就需要调动各种资源集中力量、想尽办法实现，通常只有高管团队成员才有足够的影响力做到这些。

◇ **与长期目标有强关联**：1 到 2 年内的重要事项成功后，整个公司要往中长期战略的实现跃进一大步，不然，这些重要事项就不具有战略意义。

◇ **必须成功不能失败**：变革不容易，要集中力量找到一些不能失败的重要事项，如果可做可不做，可赢可输，只是试试而已，那放进这个清单里就没有意义。

要回答好上面这些问题，可能会遇到一些障碍：

◇ **职能和角色限制**：有些高管习惯于思考自己熟悉领域的问题，而在思考公司整体的"必须打赢的重要战役"时没把自己拔到更高层面和视角。所以工作小组成员要不断提醒大家"以最高领导者或公司全局的立场和高度来思考"。

◇ **过高或过低地估计整体实力**：在群策群力的讨论中，大家相互启发、彼此激发，很容易让人热血沸腾、情绪高涨，在兴奋的情况下就容易忽略一些现实条件，把"战役"往很宏大和高难度的方向去描述，把目标定得太高（比如，国内排名还没进前 500 的公司，希望接下来一年就成为某个领域的世界一流），冷静下来才发现目标不切实际。同时，也可能存在另一种情况：讨论到和自己负责的领域更相关的议题，就担心自己后面无法承接（特别是在一种工作界限分明、缺乏跨部门支持的环境里），所以想尽量把

"战役"描述得不那么具有挑战性。

◇ 没有找到重要的突破口:"必赢之仗"的题材,往往来自实现中长期战略的最大挑战及其突破口。如果没有想清楚未来中长期战略的最大挑战,那么想突破口时,抓的事情就可能不够"关键"、不痛不痒,这样会把难题留给后面的行动计划。回避了寻找真正的挑战,就无法直面困难,也不能集中智慧找到最能"破局"的方式。还有一种可能,就是某些高管担心自己平时想做的事情(比如,自己迟迟难以推动的事)缺乏支持,就在回答挑战的时候尽力偏向自己的工作范围,希望自己的工作领域获得更多支持,这样,也会偏离实现长期战略的关键突破口。

◇ 清单太长:有时,大家会觉得重要的事情很多,很想把公司方方面面的事都列进这个清单,唯恐遗漏了什么会出风险,但如果过于求全而导致清单很长,看似什么都是重点,其实就等于没有真正的重点。

◇ 揣测最高领导者的答案:如果最高领导者平时给高管们的印象是"听不进不同意见",或者"他认为跟自己意见一致的高管才是优秀的",那么,这种障碍就很可能存在。

高管们集思广益提出"必赢之仗"之后,还要鼓励他们说出背后的思考,比如,谈谈他们建议的战役与中长期战略的关联是什么?如果不集中力量打这场战役又会如何?为什么现在是做这件事的关键时刻？如果有些战役现在不打也没关系，或者也就是尝试一下，那通常就不属于严格意义上的"必赢之仗"。当然，这些关联不是最强的、没入围的议题，也可以先记录下来，放到其他场合或其他会议中解决。能入围的战役，必定是公司层面事关重大、难度巨大，要集中资源全力拿下的。

之后，就需要工作小组成员现场整理归纳这些战役。要注意的是：有些战役的描述从字面上看起来不大一样，但如果耐心挖掘，背后的意思可能类似。反之亦然，有些战役表面上看起来差不多，深挖之后发现完全不是一回事。这些都需要充分澄清、理清。

所有的战役整理完之后，就需要决策者有个决断了：1 到 2 年内到底选择哪几个重点去突破？哪些暂时放下？哪些可能还需补充？

企业最高领导者在定夺之前，有必要重温一下什么叫作"必赢之仗"，以及没有选择某些战役的原因。同时要注意，"必赢之仗"是重点之中的重点，所以不要贪多，否则资源和力量不集中，效果反而会打折扣。

> "必赢之仗"是重点之中的重点，所以不要贪多，否则资源和力量不集中，效果反而会打折扣。

抉择之后，最高领导者要把自己背后的思考逻辑和假设条件都当众告诉大家，并询问大家自己是否遗漏了非常重要的考虑点或是存在思维偏差。

经过几轮的讨论和调整之后，就可形成"1 到 2 年'必赢之仗'"的清单定稿了。

举例：某几家公司选择的一些"必赢之仗"

- "必赢之仗"：新项目量产，7天之内达到目标良品率与效率
- "必赢之仗"：突破五合一，掌控网点500万个
- "必赢之仗"：成功占领2个亚洲市场，拥有付费学生20万人
- "必赢之仗"：在华东新建一个研发中心，实现A款产品零的突破
- "必赢之仗"：在A区域销售的B款产品，从目前市场份额第三升至市场份额第一
- "必赢之仗"：成功改变运营模式，让听得见炮火声的人做决定
- "必赢之仗"：在C领域成功找到3家潜在并购企业，并进入最终谈判环节
- ……

第3步，召开战略解码会（之二），深度讨论和挖掘重点战役

有了"必赢之仗"清单之后，要再深化，对战役的定义和内涵应进一步描绘。描绘得越清晰，大家的理解才越一致，越

能接受，未来的重要动作也才能越高效。对"必赢之仗"的描绘通常包括以下内容：

◇ 这个战役是什么？字面上是什么意思，深层含义是什么？
◇ 这个战役不是什么？（把"不是什么"也描述出来，可减少混淆误解）
◇ 这个战役对长期战略的价值是什么？对组织变革的价值是什么？
◇ 描述1到2年后成功时的样子。

> 对成功时样子的描述很重要，能让所有人有同一个画面感，因为不同的成功画面所需的资源是不一样的。

这里说明一下：对成功的描述很重要，能让所有人有同一个画面感，因为不同的成功画面所需的资源是不一样的。比如，同样是"开拓西南市场"这个战役，有的人可能觉得在三五个关键城市完成布点就算成功，只需半年就行；另一些人可能觉得光布点不够，市场占有率/客户复用率得达到一定水平才算……所以，很有必要大家一起描述具体的成功画面，并达成共识。我们尤其观察到，研讨会上容易忽略"实现速度的快和慢"这个看似微小的地方（即使是表格上提醒了要填写时间维度，大家也不仔细讨论）。但实际操作起来，由于大家脑子里对资源、对速度的预估不同，导致后面落地时支持力度、紧迫感、危机感和优先顺序的安排都不同，战役的执行中就容易扯皮。

对"必赢之仗"的具体描述，可以挖掘大家对同一句话的含义的理解，看看每个高管脑子里想的是否真的一致。研讨中，工作小组人员需要有效引导大家说出想法，可以问"你能不能举个例子？""能不能再总结一下之前那段话最关键的点？"以挖出更多的细节或澄清误解和理解的偏差。也可以借助某种工具或者既定的结构/框架，让大家去梳理逻辑、整理深层次的思考、表达观点、相互质疑和讨论，在反复不断的澄清和确认中走向共识。

为了让1到2年之后的画面感更加清晰和一致，我们常建议企业用指标的方式再描述一下需要实现的速度、质量等，这样也方便后续与绩效管理的链接，将激情转换成每个人切实的责任。（比如：六个月内，现有经销商的续约率提升×个百分点。）

澄清完定义后，还需要重点讨论这个话题：如果要获得成功，最困难的到底是什么？如果此时大家觉得没有挑战或困难，那说明还得"倒带"，回到前面一个环节：这究竟是不是我们最重要的"必赢之仗"？如果没有困难随便就能成功，恐怕就不需要这么多重要领导停下手中工作、关起门来一起突破，也不属于"必赢之仗"了。所以，此时要对前面的讨论结果进行修正。

讨论完难点之后，就需要针对难点去考虑突破口了。如前文所述，这是从研讨会准备期就让大家持续思考的一个问题。而且，哪怕有了前期的持续思考，到了研讨会上这依然是很困难、很烧脑的一个环节,需要花很多时间,在现实操作中又往往会被忽略。突破口是攻破难关的关键点,突破口如果能够找得准,又能落地到实处,其他的事情也就能顺势解决,行动也就能够快、准、狠了,否则有可能忙来忙去,既没有效率,也没有高质量的结果。

我们看到过有些公司的战略解码会,在会议室里讨论难题突破口的时候,似乎很轻松就讨论完了;也有的时候会议时间太久,大家在疲惫状态下讨论质量下降,甚至干脆就放弃,但之后落地执行时各种反复,一年之后"必赢之仗"也不了了之。所以,不如在讨论阶段、在这个群策群力的场合拿出决心,沉下心来,鼓励大家努力思考难点和突破口,实在累了、卡住了,就停下来休息一下,哪怕过几小时或过两天再接着讨论,也不要为了完成任务而粗糙收尾或着急行动。在重大的事件上,慢就是快。

举例:某一场"必赢之仗"的描述

"必赢之仗":在华东新建一个研发中心,实现 A 款产品零的突破

是什么:

- 是实现公司规模三年翻番的突破口
- 是公司最重要的产品战略

- 是实现公司核心竞争力，形成行业壁垒的关键举措
- 是进入高端市场的关键产品研发机构
- ……

不是什么：

- 不是过去产品的延伸
- 不是针对已有的目标客户群体
- ……

一年后成功时的样子：

- 新的研发中心已经建成，投入使用了
- 新的研发中心研发出的 A 款产品 Demo 版本已通过客户 W 的认证
- ……

突破口：

- 选拔或招聘到合适的研发负责人
- ……

衡量指标：

- 获取客户 W 的认证书
- 新任命的研发中心负责人在试用期结束时绩效考核结果为 A
- ……

> **有利因素：**
> - 新区域活跃的人才市场
> - 在新区域成立研发中心的经验积累
> - ……
>
> **阻碍因素：**
> - 对高端客户的了解不够，影响高端产品的研发精准度
> - 新客户群体的销售能力和经验不足
> - ……

第4步，召开战略解码会（之三），责任到人

接下来需要做的是把"必赢之仗"分配一下，让每件大事都有专人来领导，确保每个战役有一位"主帅"。选择主帅时，有两种思路可参考。

思路一，按工作强相关来分配，就是把战役安排给某位工作/专业领域高度相关的高管。这样的好处是与他/她的职责更相关，做起来更得心应手，他/她也不觉得多了件事情，其他高管配合他/她的时候也比较自然，推动和调动资源时也更直接有效，遇到难题也有更直接的专业力量和团队来解决。而这种方式的弊端则是：无论是资源的匹配还是解决方案的挖掘，都容易受思维惯式约束，难以跳出框架想问题，创新或突破性有限。

思路二，将弱相关的重点工作与某位高管进行匹配。这对培养高管团队的整体战略能力、跨领域思维、换位思考和协作能力都有好处，但可能的问题是：如果某位高管面对不熟悉、不擅长的领域，而他/她的学习能力和资源整合能力或者说领导力又有限的话，那由他/她来带领这场"必赢之仗"就很可能力不从心，会影响战役的推进。所以，如果出于发展高管能力的考虑配置战役主帅，建议搭配其他的内外部专家来支持这位高管，确保他/她在"带兵打仗"的过程中提升思考力和其他专业能力，同时也确保这场战役能够打赢。

要安排"将帅兵马"，企业最高领导者要充分了解破解重点工作所需要的能力，并对高管团队每个人的真实能力（还有他/她的真实意愿和驱动力）进行客观的盘点，从而得到当下最合适的用人安排。必须再强调一下，谁来带领大家往前冲，对战役最终的输赢有非常重大的影响。

> 谁来带领大家往前冲，对战役最终的输赢有非常重大的影响。

第5步，召开战略解码会（之四），落到详细的行动计划

按照"必赢之仗"的主题，把现场的高管们分成不同的小组。我们建议，在研讨会的主会议室周边安排几个稍小的会议室作为讨论区，让"必赢之仗"的每一位"主帅"带着自己的讨论小组到不同的讨论区。各小组封闭一段时间，商讨接下来该做什么（关键的行动步骤）、需要哪些资源、在什么时

间点能完成到什么程度、如何衡量阶段性目标,等等。只有把事情落在行动计划中,我们才能真正看到"成功时的样子"。

此时,小组需要对应其"必赢之仗"的难点和突破口,不时重温前面讨论的一些重要成果,因为制定行动计划就必须要直面难题和解决难题。讨论详细的行动计划时,有以下几个注意事项:

> 对应其"必赢之仗"的难点和突破口,不时重温前面讨论的一些重要成果,因为制定行动计划就必须要直面难题和解决难题。

◇ 找到关键动作,不要记流水账。关键动作的数量不能太多(尽量不超过八个),如果特别多,就要判断是不是在写流水账,是否真的找到了最关键的动作。
◇ 每个关键动作都需要匹配相应的资源,这些资源包括人力和资金,同时要看看是不是真的拥有这些资源,或者在1到2年的时间内能否获得这些资源。
◇ 不仅要找到关键动作,还需讨论每个动作要做到什么程度,用一些指标清楚地表达对动作的质量、数量、速度等方面的要求,因为这关系到需要匹配多少资源。

小组讨论完成之后,各小组人员回到主会场。主帅依次介绍所负责战役的行动计划,所有人再次审视每个战役的行动计划,相互提供意见和建议。关键动作可以通过质疑和建议的方式来进一步确定,集体审议还可以把资源支持谈得更妥帖。通常,公司级别的一系列"必赢之仗"彼此之间有很强的关联

第 5 章
战略四重奏之三：战略解码

举例：

某场"必赢之仗"（MWB）的行动计划：并购美国一家技术领先的公司，实现新产品领域的突破

行动	细分行动	完成时间	负责领导	支持领导	衡量指标
确定目标范围	确定公司谈判团队	2019 年 11 月月底	王总	范总	项目负责人到位
	寻找顾问团队协助	2019 年 12 月月底	王总	范总	顾问团队到位
	设定合作对象选择标准	2019 年 12 月月底	王总	范总	总裁办公会讨论通过
	收集并筛选目标企业	2020 年 1 月月底	王总	范总	确定 5 家候选企业
设计谈判策略	初步尽职调查				
	分析了解目标对象及其关键利益点				
	制定高度针对性的谈判策略及预案				
实施谈判	尽职调查				
	……				
	……				
……	……				

性，需要的支持也是跨领域、跨职能的。所以，掌握相应资源的分管高管必须想想，自己能否提供资源支持，如果不能，可以采取哪些办法找到对策。这是一个智慧碰撞的过程，也可营造相互支持的氛围。当然，有时也会变成一场讨价还价，如果讨论卡在某个点上，大家可以暂停一下，看看分歧到底是什么，对于重大的分歧尽量在当场做出决断，如果实在不行，就给团队一个时限（比如一周）去想对策，之后继续进行专题讨论。切记不能不了了之，否则会影响整场战役的胜利，比如没抓准重点或伤及信心，有时还会影响到全局战略的落地，那么，组织变革就很难进行下去了。

第6步，召开战略解码会（之五），用仪式感收尾

确定所有的"必赢之仗"及行动计划后，每位主帅应该都能看到战略重点工作与自己的关系了。此时，可以给每位高管一点时间，把自己该负责、该支持的工作内容都梳理归整一下，明确哪些是自己要承担的"主责项"，哪些是要支撑他人的"支持项"。

具体操作来讲：

◇ 假设高管A是某场"必赢之仗"的主帅，那么，这场仗成功与否的最终衡量指标，就毋庸置疑要写入这位高管的绩效合约内容了。

◇ 假设在另外一场"必赢之仗"（由高管B挂帅）的行动计划中，也有好几个过程性的动作需要高管A提供非常重要的配

第 5 章
战略四重奏之三：战略解码

合，那么，这些内容也需择要放入高管 A 的绩效合约中。

◇ 此外，高管 A 日常所分管负责的领域，也需有一些关键指标和考核内容，纳入绩效合约。

◇ 这里需要有针对性地考虑一些不同的情况。如果高管 A 已经承担公司的某块现有业务的全面经营并负有盈亏责任，那么，除非公司决定这块业务要有意识地关停并转，不然这块业务的责任还是相当重大的，而高管 A 也必然是这部分业务的"第一责任人"，所以，高管 A 的绩效合约中必然还是以这块业务的相关指标为主（如占比 50%），"必赢之仗"相关的指标，则属于他的第二大重要指标，比重也不低（如 30% 至 40%）。而如果高管 A 是职能条线的负责人（而不是某块业务的第一责任人），那么，他的绩效合约中，"必赢之仗"的指标权重就可以更高（至少 50%），而其原有的日常工作部分可占比较低（如：占比不超过 30% 至 40%）。

		ABC公司 20××年度绩效合约			授约者		
					签约者		
					签约日期		
绩效指标类别	考核项目	权重	说明	签约目标		实际完成值	考核得分
				Level 1 基础值	Level 2 挑战值		
【A类指标】"必赢之仗"相关	1）关键人才及时到位率	25%	根据集团招聘计划，保障各公司新增高级管理人员、创新研发类关键人才及时到位				
	2）20××年战略解码工作完成	15%	完成集团、各子公司战略解码				
	3）组织架构优化方案实施到位	15%	配合集团变革转型，实施组织架构优化				
	4）金鹰计划领导力培训发展项目实施完成	10%	承接转型创新战略，提升领导团队意识和能力				
	××××××（略）	××× （略）	××××××（略）				
【B类指标】日常运营相关	1）内部服务满意度	10%	从服务态度、专业能力、支持的及时性、服务质量等方面进行评价，由各子公司打分				
	2）培养专业人员	5%	培养能承担二级部门重任的管理者				
绩效实际得分				签约人确认栏			

这样，和"必赢之仗"相关的那些关键责任与行动就和每一位高管的考核都产生了关联。这个过程本身也是压力传递的过程，所以需要高管成员一起把压力转化成动力，激发高管的使命感，当然也可以配套激励机制。

之后，再找个合适的时间，让每位主帅在正式的场合当着全体高层团队的面签订战略绩效合约（合约内容的相当部分来自战略解码的成果，也就是归整出来的"主责项"）并宣读承诺。当然，承诺是相互的，每个人在承诺自己要负责的领域的同时，也会得到相关资源方的支持承诺。这个过程不妨叫"主帅宣誓承诺"，可营造足够的仪式感，点燃斗志，签下一份承诺，彼此寄予信心和希望，就好比战斗打响之前签下"军令状"，唯有怀抱必胜的信念，才能勇往直前。

强烈的仪式感，还有另两方面的效果：1）我们观察到大多数公司的高管都是"救火队员"，日常管理工作、突发事件处理、各种必要和不必要的会议和审批等占满了日程表，导致"虚假忙碌"。所以，战略解码实则也是在重新规划高管们的时间，促使他们聚焦在最重要的"必赢之仗"上，这也是一种战略聚焦。2）高管团队平时各自分管不同领域，直接面对最高领导者，而高管们彼此之间的深度合作很少，往往就是大家常说的"团伙"而非真正意义上的"团队"。战略解码的过程也是一个让"团队"形成的过程，团

> 战略解码的过程也是一个"从团伙到团队"的过程，团队形成了才有战斗力，有助于真正推动战略的实现。

队形成了才有战斗力,有助于真正推动战略的实现。

第7步,战略解码的层层传递

前面说的是在高管团队的范围里进行研讨,这是第一层面。战略的真正落地和上下同欲还需要把战略共识的内容、本质,以及战略解码的结论告诉更多员工,并用类似方式一层层往下分解,让每个人学习这种思路和方法。分解和传递关键行动的同时,也在传递能量和信心、压力和动力。这些年来,我们看到很多客户企业已经学会并习惯了每年都做这个动作,对公司整体的战略落地非常有效。

第8步,战略实施

战略解码会开得成功,重要任务找准了,打法分析清楚了,任务分派到位了还不够,"做"往往比"想"和"说"更难。战略解码会之后的落地又会出现各种问题,会反复,需要有序地跟踪、复盘和调整。其中,同步完善绩效管理体系,不断反馈和改进是落地中的重中之重。我们将在下一章"战略四重奏之四:战略实施"中对此详细阐述。

总之,一般在财年开始前或财年之初,公司完成战略共识和解码,之后的一年中,把力量集中在执行落实几件大事(几场"必赢之仗")上。转型变革之中的大事,通常做起来都不怎么舒服,很可能整个组织都不在舒适区内。所以,落地、跟踪、质询、复盘和调整非常重要,我们将在后面章节详细展开。

5.4 战略解码的实际操作中的常见问题

战略解码往往是战略共识之后的步骤,其间需要避开的"坑"、我们的一些窍门,以及常见的问题和困惑总结如下:

5.4.1 需要避开的"坑":

◇ **大局或变革/转型的方向决策错误。**这是源头和出发点的问题,如果决策错误,会导致越往下执行,错得就越离谱。此时,一定要有勇气认错,及时拨乱反正。

◇ **解码的过程不顺利,但也没好好复盘,轻易就否认了这个做法**,认为是工具不好,再去寻求其他的工具重新来过。其实我们想强调,工具本身并不是最重要的,每个企业都有能力创造更适合自己的方式和工具,如果把注意力放在工具的逻辑性、完整性上,而忽略了企业内部的梳理,没有找到过程中最真实和最本质的障碍,可能换什么工具都解决不了问题。

◇ **形式和流程太复杂,为了完整而完整。**这往往是因为抓不住最重点的动作,不知道哪里必须坚持、哪里可以有灰度,只在流程和形式上一味求全。也或者是因为抓不住关键的力量(比如关键人物),因而得不到关键的资源支持。因此,作为研讨会的产出,务必要抓住重点动作和关键力量。

◇ 研讨会上容易产生激昂的情绪或竞争的气氛,有时头脑发热,把目标定得太高,忽略了内部的能力和资源条件,冷静下来后发现做不到、收不了场。所以，热情高涨之余，工作小组人员要提醒大家注意可行性。而且，**研讨会热火朝天，有时会给人一种"事情都已解决"的错觉，其实不然**。研讨会只是一个开始，是战役的起点，日常工作才是真正的战场，实施行动计划有很多事情要做，而且会有反复和波折，这些都是很正常的，一定要有持久战的心理准备。

◇ **整个过程太理性，没有关注感性方面的因素**。比如说，不了解关键人员的担心。变革最难的地方就是要把握人心，解开真正的心理疙瘩，才能四两拨千斤。

> 变革最难的地方就是要把握人心，解开真正的心理疙瘩，才能四两拨千斤。

◇ 研讨会上看似大家都发表意见了，现场也没有反对意见或情绪，有时会让人产生一种"人人都认同和支持"的错觉，但其实未必。不是所有人的理性（认知）和感性（情绪）都完全同步，研讨会后想法和情绪出现反复的情况也是有的。会后还是需要持续沟通和澄清，持续推进大家的理解和认同。同时相应的制度等硬性的东西要跟上，在"执行力"上需要下功夫。

◇ **战略解码的产出中，没有让重要的人物做出战略性的动作**。比如：在分解战役的过程中，授权太过，把大量的关键动作都交给下属团队成员了，而那些关键动作实则难度系数很高，必须由能力和资源都足以担当的人做出。同样的，战役的落地跟踪如果让"人微言轻"的普通员工去做，就很难影响和调动资源，我们建议关键动作还是要由重量级人物亲自完成。

◇ **太缺乏跨部门合作的文化**。不能掌控"灰度"的组织，往往把责任分得太清，"必赢之仗"也是很难落地的。因为这些公司级别的大事，彼此间常有千丝万缕的联系，往往要跨部门推动，而且事情有不确定性，所以，需要文化的营造，需要参与人员有"主动往前多走一步"的心态。

◇ **过于寄希望于人性完美**，希望大家都靠自觉、靠激情。但在变革性质的事情上，除了激发和鼓励大家的主动自觉和激情担当，组织保障以及相应的考核和激励机制也必须要跟上。解码工作会议之后的持续跟踪、复盘和调整都非常重要。

◇ **"战略向左，文化向右。"** 假设组织的战略方向是要探索新领域和创新业务，但若不改变以往"不论过程只看结果"，强调"一次做成、不许出错"，强调严格管控、层层汇报的组织文化，依然很难真正让战略落地。所以，要在战役分解和计划制定的过程中，把企业文化的更新升级也纳入计划之中，投入必要的资源。

了解自身真实情况的组织，敢于面对各种可能的"坑"，提前做好准备，使其不致影响全局。

5.4.2　我们的一些窍门

◇ **战略解码研讨会之前需要精心准备**。与战略共识研讨会的准备一样，战略解码研讨会的充分准备也是非常必要的。工作组需要提前与一把手和重要高管们交流，了解在他们各自心中如何把战略共识的内容翻译成未来短期的工作重点，一致性到底有多少。另外，战略解码还涉及能力和资源的问题，也需要提前对企业的资源现状进行实事求是的盘点，做到心中有数。

◇ 研讨会的讨论，要抓住重中之重。无论这场研讨会持续多少天，或者要在多么严密完整的框架引导下去讨论，都要非常清楚地了解，战略解码非常重要的目的，是将战略性任务进行聚焦，并放在重要且有能力的一群人身上，他们肩负责任，因此要非常关注最重要的事情有没有抓住，有没有分配给重要高管，有没有说得特别透。抓重点，首先要从"必赢之仗"都有哪几场开始，一定要让所有人明白，为什么这几场仗非打不可，而且只能赢不能输。

5.4.3 其他常见问题

1. 战略解码的意义和价值是什么

有四个方面的意义和价值：

第一，战略解码的过程，为企业高层与中层之间建立起了实现战略目标的"对话"途径，从而有效减少"战略稀释"的现象。

◇ 对企业最高领导者（一把手）而言，在最终按下实施战略的"启动键"之前，还有机会听到更多广泛而真实的声音，包括担忧、顾虑和各种情绪背后的原因，能让决策者吸纳更多智慧、有更多信息输入来调整自己最初的设想，也可提前了解变革过程中可能的困难和抵触。

◇ 对高管和中层，乃至基层而言，通过分层、分场次的解码研讨会，可以更清晰地了解战略决策，也有机会了解决策背后的假设、明白最终决策的过程和理由，并且，在群体智慧的推动下，共同思考实现的路径、策划落地的行动步骤。

◇ 而研讨会这种形式，能让大家民主参与这个过程，有机会表达自己的顾虑，也可以提想法、做贡献，这样，他们对决策结果也就有更强的拥有感和认同感，执行起来更有激情。这样，才能实现我们所说的"上下打通"。

第二，战略解码和绩效管理也有紧密关系。

◇ 战略解码也可以看成是绩效管理的先导工作，其成果（即"必赢之仗"的描述及其行动计划）是形成各层级管理者个人绩效合约的主要依据；同时，也是关键职能的战略规划的重要输入。

◇ 开诚布公的"对话"机制，改变了传统的指令性下发绩效指标的做法，可确保核心管理团队众志成城，力往一处使。

◇ 不再设定单纯的绩效指标，而是辅以工作行动计划、资源配给、跨部门协作要求的讨论和明确，这样，绩效指标就不再是没法实现的"空中楼阁"了。

◇ 我们与之匹配的绩效管理方式称为"战略绩效管理"，是战略实施中的重点内容,我们将在后续章节细述。

第三,战略解码也是战略思考、战略沟通和战略辩论。

◇ 将制定战略的最高决策者的想法和智慧挖掘出来,用同一种语言沟通"听起来又虚又高远"的战略话题,能让更多的员工参与学习和了解,成为公司内部的一种战略沟通工具。
◇ 战略解码的过程不仅是分任务、分指标。这个过程更是通过集体智慧,来找到战略实现的可行的路径。而对于那些至关重要的战略任务,这路径常常不是显而易见、俯拾可得的,而是需要很多的脑力活动、思维碰撞,才能找到办法。

> 战略解码的过程不仅是分任务、分指标。这个过程更是通过集体智慧,来找到战略实现的可行的路径。

第四,战略解码有打造团队承诺感的力量。

◇ 战略解码也是一个非常好的互相承诺的场合,研讨会设计的一些充满仪式感的场景,带给人可以实现的憧憬感和成功的画面感,承诺本身带给人压力和动力,也在内心种下一颗希望的种子。
◇ 共同探讨未来方向,给了参与人员一个超越日常工作、训练战略性思维、智慧碰撞和相互学习的机会,也是一个非常好的展望未来、彼此激发的场合,有助于打造同心同德的团队。

总之,通过一系列精心准备的战略解码,我们期待组织大步迈向"四个一"的目标状态:一个愿景(做什么,不做什么)、一个声音(怎么做,如何配置资源)、一个承诺(从上到下的承诺和聚焦)、一种文化(打造开放、创新、多元的文化)。唯有如此,战略才能妥妥地落地。

> "四个一"的目标状态:一个愿景、一个声音、一个承诺、一种文化。

2. 开几天会议就能让战略落地了

并不能。战略落地是一个高度体系化的工程,这几天会议,只能把"头"开好,如果"头"都开不好,后面的执行就缺乏一致的目标,可能是瞎忙、不情愿的忙、互相不支持的忙。

当然,开好"头"还不够,还需要很多艰苦的落地工作,需要组织支持、激励配套,也需要不断地关注内外部的环境变化,看看"仗"本身是否需要调整。

会议之后,有几个非常重要的动作需要跟上:

◇ 需要成立跟踪团队或者跟踪人,以及相应的跟踪复盘机制(如例会机制)。

◇ 一把手的态度很重要,需要参加关键的复盘会议,自己的时间和精力也需要有相当部分聚焦在几场"仗"里面,给大家足够的支持。

◇ 激励措施（如指标、权重）要针对重要的"仗"进行倾斜，可以以项目制的方式，来激励大家，努力把"仗"打赢。

◇ 外部的相关信息（如关于客户的信息、关于竞争对手的信息）需要有人关注，并带到复盘会议的现场，不能一直"关着门"落地，需要保持商业的敏感度，及时收集外部数据。

◇ 要注意观察关键人的能力和态度，包括是不是能够走出舒适区、跟上变革的脚步和要求，一旦发现人的原因导致推动不了，就需要及时反馈、培训，或者调整人了。

落地的保障动作，还可能涉及管控、组织架构、流程、文化等的调整，需要具体分析，让系统跟得上战略重点的表达。在实践中，很多能够推动战略成功落地的企业，都是从"战略共识"开始，然后边"战略解码"落地，边着手体系化地调整其他方面。

3. 怎么实现"上下打通、左右打通"呢

再回顾一下战略共识和战略解码这两个概念。战略共识就是公司核心团队就战略的方向进一步澄清，明确公司未来阶段性的战略目标、业务组合、发展路径、发展节奏、关键资源部署等。而战略解码，则是将战略共识的成果进一步分解为未来短期（如一年）的预算目标，确定实现目标的关键举措和行动计划，明确关键举措的负责人和团队。

一般来讲，战略共识和战略解码是一个 2 + 2 + 2 + N 的过程。第一个 2 是指高层团队进行两天的研讨会，依据公司的战略使命、愿景，以及前期的战略思考等，澄清并就未来的阶段性战略目标和成功时的状态达成共识。第二个 2 是指产生公司的"必赢之仗"，同时把任务分解到高层（产生高层的行动计划、关键指标等）。第三个 2 是指把任务分解到中层（产生中层的行动计划、中层的关键指标等），但并不产生新的"必赢之仗"。最后的 N，指的是不断往更基层解码，直到解码到每一个岗位、每一个人。

这是一个"层层套牢"和"层层解套"的过程。

"层层套牢"指的是高层要和组织中最具战略性、最关键的事情套牢，达成共识、认同和承诺感；而且讨论出来的行动计划，是经历过集体的挑战和质疑，并一起思考优化的。最后，大家既知道了组织的战略和共同目标，也对要打的各场"仗"了解得很清楚，这就把大伙"上下打通"，也"左右打通"了。

而对高层而言，他们还要将战术性的、运营性的、常规性的工作"层层解套"，因为他们要将更多精力投入到作为主帅的工作中去，而日常性事务则要更多地往下传递，"套牢"到中层和基层的身上。

每层承接一份更具战略性的工作，把自己解套一部分，再把日常性的工作套牢到下一层身上……解码到中层还不够，还需要继续往下分解，直到每个岗位、每个人。整个过程下来，大家目标清晰，上下同欲，责任到位，各种资源配置合理，每个人的潜力都能被挖掘和发挥出来。

经历了这个层层套牢、层层解套的过程，才有可能实现"上下打通、左右打通"。

4. 什么样的企业，能让战略解码发挥威力，更好地实现企业的变革

其实战略解码并不是新招数，很多公司都在做类似的工作，有的做得很不错，而有的没能坚持下去，甚至影响最终的变革和转型的实现。仔细对比这两类公司，我们发现，能够在变革阶段把战略共识和解码做好的企业，大多具有以下共同特征：

◇ 变革和转型的战略相对有个目标。如果完全没有，可能需要少数最关键的决策者先往前想几步。
◇ 相对开放的文化，或者真的愿意从封闭的文化往相对开放努力转型。包括：最高领导者相信团队的能力（而不仅仅是忠诚）、相信团队的力量有助于自己完善思路；最高领导者愿意倾听和吸收有意义的部分，而且真的能够（至少部分能）坦诚地沟通；最高领导者愿意在团队面前暴露自己的不完美，向大家寻求帮助（所以一起讨论，一起贡献智慧）。
◇ 团队能力不错或者有潜力可挖。关于这点，需要一些更客观的评估。我们看到很多企业最高领导者总嫌弃团队能力

弱,如果陷在这样的执念里,可能会出现"自我实现的预言",团队的才华和潜力可能就真的发挥不出了,久而久之,团队真的就不堪大任了。

◇ 有体系化的意识,或愿意开始做些体系化的事情。仅仅开几天研讨会的意义有限,重点是要能想、能做、能跟踪、能考核,研讨会开完回到日常工作中后,要知道有哪些新动作要启动、哪些动作要改变。比如,有些公司将战略共识和解码纳入了公司的常规动作,与年底的预算、经营策略、人力资源重要模块(如绩效管理)等相关体系联动起来,这样体系化的推动才更有效。

◇ 企业一把手需要关注这件事。如果真的想变革转型,重点工作又是与变革直接相关的大事,那一把手必须高度认真地对待,必须要从自己开始改变。如果开完会后最高领导者自己又回到习惯的状态,那高管团队和其他员工自然会感受到这些研讨出来的事情并不那么重要,他们自然也就懈怠了。

> 一把手必须高度认真地对待,必须要从自己开始改变。

◇ 重要人员的本职工作与解码下来的工作内容要做好协调,有必要的时候,应调整架构、调整人员或者重新梳理关键岗位职责,确保变革相关的工作得到优先重视。

5. 战略解码是否100%能成功

必须指出的是,战略解码未必每次都能完全解决所有预设的问题，这里有一些可能的原因：

◇ 战略问题和算术不一样，没有显而易见的标准答案，有时答案甚至没有对错之分。哪怕有量化的数据信息，大家对市场的判断不同也很正常。即使判断一致，也需要做出选择，而很多时候各项选择各有千秋，没有对错。所以，哪怕讨论半天还是不能完全赞同一把手的高管们，也需要遵循一开始就说好的"游戏规则"，如：一旦决策，就不质疑，坚决执行。

◇ 新战略落地执行，大都需要新的组织能力来支撑，同时可能要抛弃旧的思维和惯性，这对高管们提出了新的要求。有时候，部分高管对自己的能力信心不足，有不安全感，担心被落下，被时代和公司抛弃。一旦有这样的顾虑，而又不能得到开导、鼓舞和及时消解的话，也就很难和一把手"同心同欲"了。

◇ 有时也不排除个人态度的问题。沟通谈心之后还不能调整态度的高管，不建议仍在核心团队担任重要角色，因为高层成员不但自身要在变革中发挥作用，还要以身作则推动团队，他们的状态太关键了。因此，有时候一把手需要对"和谁一起登上变革之船"做出艰难的决定。

◇ 忽略了速度和时间因素，或者大家的判断不一致。本质上，是对难度和内部资源的把握的观点不一致，也有可能关键人员对过去的成功过于自信，总觉得什么都能很快落地。因为即使方向一致，但在时间节奏上"上下不一致"，那么在决策和落地的时候,就有可能急迫程度不一样、期望不一样。

6. 战略解码输出的"必赢之仗",和正常的经营计划、预算管理怎么链接

"必赢之仗"常常是新的战略重点,是组织在过往的若干"战场"外新开辟的"战线"。因此,在制定常规"战场"的经营计划和预算的同时,也要纳入对"必赢之仗"的考虑。战役的进度和进展,可以在定期的经营会议上一起回顾和审视(当然,我们更提倡针对几场"必赢之仗"要有专门的定期质询复盘,详见下一章);但更重要的,是把这些战役也纳入预算。兵马未动,粮草先行,这是后续推动战略落地实施的重要保障。尤其是有些"必赢之仗"涉及新产品的研发、新市场的调研和开拓、新团队的招募和搭建……除了努力从现有的内部资源"挖潜"外,恐怕还需要额外增加一些财务预算,另行拨款。

其实,早在战略思考和战略共识阶段,预算人员就需要参与进来了。我们在前面的章节中提到过,面对战略问题时,除了对外部环境的思考,也必须对内部资源进行盘点,此时其实就已经涉及预算问题了。伴随着战略思考,预算人员应该做到心中有数,明确有几种可能的资源配置假设,这些假设将影响到"必赢之仗"的方案形成以及可执行性。

所以,战略解码的时间点和公司常规的预算循环的时间点

要配合好。公司的预算可以有两轮，一轮是框架性的，一轮是预算细节；甚至高管们的绩效合约也可以分两轮签。在战略解码研讨会的尾声，趁热打铁签个框架性绩效合约；待预算细节敲定，再签订详细版绩效合约。

而且，这部分的预算管理的方式，最好给予主帅和相关团队更大的自由度、灵活度，而不必像常规预算管控那么精细。可以在投入产出等方面提出更高要求，但不要在预算细项和流程管控上过严过细，因为主帅们是在"创业"，在把新的路径闯通之前，要抓大放小。

7. 战略解码可以授权（如：战略发展部）或请外部力量（如：咨询公司）来做吗

我们想强调的是：明晰战略和管理战略实施的过程是公司一把手和高层团队最重要的责任之一，战略部门可以牵头组织，外部顾问也可以帮助推动战略的思考，引入战略落地的方法论、工具和流程，提供最佳实践的经验，但这些都无法替代一把手和高层团队发挥调动内外资源、推动战略落地，并在这个过程中打造组织上下同欲、横向协同的文化的角色和作用。

> 明晰战略和管理战略实施的过程，是公司一把手和高层团队最重要的责任之一。

8. 战略解码应以什么样的频率进行

理论上，但凡有了新的战略，或面临重大的组织变革，就需要开展战略解码。实战中，按年度进行较为常见。但需要额外补充的是：对一些变化特别快的行业或一些创新企业而言，未来太难预测，有时一把手心里对未来的战略也没有明晰的答案，需要在实战中不断寻找，边做边想。那么，战略解码就可能要更高频地进行，不时共同探讨一下关键战略问题，这就更需要高管们有战略思考的能力和习惯，要有开放的文化、敢于冒些风险，也要建立适合企业的一套战略沟通语言，提高讨论效率。

5.5　本章小结

战略解码是战略实施的前提，通过战略解码做到"上下同欲"，"力出一孔"。

解事：

- 解大事、解要事、解难事：避免面面俱到，避免形式主义，抓住重点、难点来透彻分析，特别是舒适区以外的又新又难的机会和重点，更要下足功夫突破。
- 承上启下，战略不稀释：这是战略共识与战略实施中间的关键环节，要保证这一步骤的"翻译"准确，能翻译到点子上，不能理解有偏差，更不能"避重就轻"。

解人：

- 解给合适的人并授予权力：找到能够且愿意承担的人，如果与责任人正常的岗位职责不完全匹配，那么需要专门给予特别的权力。

- 关键事必须有且只有一个负责人：人多不一定好办事，任务分配时的明确性非常重要，"一个负责人"是重要的准则，并且需要"昭告天下"。

解心：

- 共识、共识、共识：让关键人员都能全程参与解码过程，尽可能让大家充分辩论，表达每个人的观点以及背后的假设，此环节越能投入并参与，就越有可能达成共识，同时能够为下一步的"战略实施"做有效铺垫；但是，尽最大可能达成共识，并不代表最终必须每个人内心都认可——当然，几乎也不存在这种可能。
- 仪式感收尾：形式和内容同样重要，"仪式感"能进一步提升共识，签约仪式能够加强彼此的承诺，进一步加强动力，并带来有益的"群体压力"。

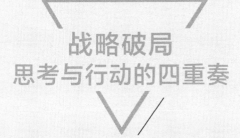

第6章

战略四重奏之四:
战略实施

知 + 行 = 成功的战略落地

魔鬼在细节中

第 6 章

战略四重奏之四：战略实施

6.1 常见的迷思和误区

知易行难，战略的落地实施向来是个难点，很多组织前面做得很好，最后频频栽在这里。我们观察到的常见误区有：

6.1.1 战略执行 ≠ 战略规划

第一个误区是将战略执行等同于战略规划。很多企业都会对战略务虚会、战略规划会议特别重视，留足时间，充分准备，比如做 SWOT 分析、回顾历史问题等环节安排得很到位，一旦战略规划会议结束，就认为既然战略都一起讨论出来了，自然而然会执行。殊不知，这事其实不是自然或自动发生的。它还有赖于两个动作：1）之所以战略规划/共识会议之后要安排战略解码会议，就是要将战略拆解为具体的行动计划，而行动计划的详细程度、可执行程度直接决定了战略能否落地。行动计划要分层分级，一般包括第一级和第二级行动，有些企业组织机构比较庞大、层级比较多，可能涉及的第三级行动也要细化制定出来。总之，行动计划要可操作，要让大家看到这个行动计划就知道接下来每个动作是什么、在什么时间节点发生，知道由谁来主推、谁来配合，也知道行动结束的时候应该达成什么目标以及要完成这项行动需要什么输入、行动完成后会为其他行动提供什么输出等。行动计划相当于行军地图，在行军的过程中发挥指导作用，标识越细，行军速度越快，而且部门之间、组织之间配合度也越高。有了详尽的行军地图，到达目的地的可能性就大大提升了。2）就算有了高质量的行军地图，行军过程中还需要不断检查进度、复盘之前的成败得失，看看周围环境是否发生了变化，盘点粮草辎重和队伍状态，看看路线是否需要调整，节奏是否需要加快……这些频繁的跟进动作，必须渗透在战略实施的整个过程中。

6.1.2 战略执行≠年终考核

战略执行的第二个误区是将战略执行等同于年终考核，而忽视了中间过程。一旦战略明确了、行动计划也有了，有些企业就一个猛子扎到年终考核了，以结果论英雄，干得好的重奖，干得不好的灰头土脸。其实，战略执行就是战略落地的过程，所以过程中的不断跟进、及时总结复盘、动态调整、赋能反馈，甚至有针对性的辅导等都是战略执行的一部分。虽然在战略解码会议上大家对行动计划达成了一致，但毕竟产业环境、市场动态、国家政策、竞争对手、内部资源和能力等各方面都有可能对年初制定的行动计划起影响作用，所以过程中的及时调整和决策是必要的，也对战略执行起着重要的推动作用。调整或者不调整或者以多大力度调整，都是需要在过程中根据外部环境和内部情况来思考并决策的，而这种调整势必影响到人力、物力、资金等，所以定期（如每个月或者每个季度）的复盘以及围绕战略执行的监控是十分必要的，否则即使行动计划和战略举措都执行到位了，也可能依然难以取得好的结果。

6.1.3 战略执行≠中基层的任务

战略执行的第三个误区是认为战略是高层动脑和动嘴、中基层动手的任务，认为由高层想清楚、再命令团队实施就可以了。甚至有些公司领导认为战略的事情知道的人越少越好，只要告诉下属该干什么就是了。

但是如果高层做甩手掌柜，只将一些复杂的概念和抽象的战略术语直接丢给基层，会让团队很难理解，导致战略很难落地。各层级领导在理解战略的基础上，要用最简单易懂的语言向下一层传递清楚什么是最重要的事情、应当关注哪些关键的节点，并和每个人的绩效考核联动。尽量避免将公司整体战略和高大上的术语直接宣传给基层甚至一线员工，这样只会导致大家茫然，不清楚自己和战略之间的内在联系，日常工作和战略行动之间也没有挂钩，无法真正发挥战略落地和"人人为战略服务"的初衷。

更何况，"必赢之仗"反映的是公司一年之中的战略重点，很可能关乎公司的长远未来，而且过程涉及那么多复杂的局面、预想不到的问题、难啃的骨头，身为主帅的高层人员又怎能做甩手掌柜呢？越是重要的战役，就越需要将帅身先士卒、冲在前线、拍马迎战。不光是各场仗的主帅，甚至一把手也常常需要"御驾亲征"。一方面要深入"前线"支持队伍把仗打赢，另一方面要以自己的躬身入局表达重视和关怀，并不断沟通鼓舞士气。

6.1.4 战略执行≠赛马机制

战略执行的第四个误区是将战略执行等同于赛马机制，让大家在执行战略的过程中竞争，每个月的质询/复盘会变成了单纯的结果亮分会、赛马会。"必赢之仗"一定是要集全公司之力，跨部门、跨业务通力合作才能打赢的，所以在"必赢之仗"的执行过程中，横向打通、互相助力是关键。我们经常会发现，有些客户尽管也安排了战略解码之后定期的质询/复盘会，但这个会开得基本名存实亡，主要的原因是并没有真正理解质询/复盘会的价值，简单地把质询/复盘会开成了汇报会。试想一下，如果一个公司高层 20 个人开质询/复盘会，每个人 20 分钟汇报、10 分钟答疑，总计就是 600 分钟，也就是10 个小时。但在很多公司的质询/复盘会上，每个人真正专心投入的时间就是自己汇报和答疑的那半个小时，其他 9 个小时都没有真正投入，因为他们认为其他人的汇报跟自己没有关系，唯一全程投入的只有一把手。其实，质询/复盘会本该带来的最大价值之一是横向的集思广益、资源协调和相互支持，让大家明确一个团队承担的战略工作其他团队将如何配合和支持，这样的质询/复盘会才是战略落地真正需要的质询/复盘会，也才能真正发挥价值。

6.2 战略实施：把握关键抓手

6.2.1 战略绩效管理

战略实施方面最重要的方法论就是战略绩效管理。顾名思义，战略绩效体系的源头应当是以战略为出发点的一套整体的、有逻辑关联的、上下打通的、横向打通的有机体系。战略绩效管理的目标是聚焦与协同战略，通过绩效管理这一重要的指挥棒将难啃的硬骨头啃下来。同时，战略绩效管理体系又可以监控和反思战略，是高层团队管理战略、推动战略落地的抓手。

战略绩效管理的方法有很多种，包括关键绩效指标（KPI）管理、目标与关键结果（OKR）管理，也可以引入平衡计分卡（BSC）管理，这些方

> 战略绩效管理是战略实施的抓手，而这个抓手可以用多种方法/工具。

法适用于不同的企业、不同的文化、不同的业务和不同的部门。在同一个组织中，明确战略之后也可能采用不同的管理方式，或者借鉴不同方式的精华，定制适合自己的方法，来推动战略绩效管理的落地。

- 关键绩效指标（Key Performance Indicator，KPI）

制定关键绩效指标的基础是围绕企业的战略工作和日常工

作确定的，是战略执行的重要组成部分。关键绩效指标强调自上而下的分解。指标的数量不宜太多（5 到 8 个为宜），太多就抓不住重点了。

绩效指标类别	考核项目	权重	说明	签约目标 Level 1 基础值	签约目标 Level 2 挑战值	实际完成值	考核得分
【A类指标】"必赢之仗"相关	1）关键人才及时到位率	25%	根据集团招聘计划，保障各公司新增高级管理人员、创新研发类关键人才及时到位				
	2）20××年战略解码工作完成	15%	完成集团、各子公司战略解码				
	3）组织架构优化方案实施到位	15%	配合集团变革转型，实施组织架构优化				
	4）金鹰计划领导力培训发展项目实施完成	10%	承接转型创新战略，提升领导团队意识和能力				
	××××××（略）	××× （略）	××××××（略）				
【B类指标】日常运营相关	1）内部服务满意度	10%	从服务态度、专业能力、支持的及时性、服务质量等方面进行评价、由各子公司打分				
	2）培养专业人员	5%	培养能承担二级部门重任的管理者				
绩效实际得分				签约人确认栏			

表头：ABC公司 20××年度绩效合约 / 授约者 / 签约者 / 签约日期

- 平衡计分卡（Balanced Score Card，BSC）

平衡计分卡是在 1992 年由哈佛大学的罗伯·卡普兰及大卫·诺顿提出的。平衡计分卡包括四个维度：财务、客户、内部流程、学习与成长。从 1992 年在《哈佛商业评论》发表第一篇关于平衡计分卡的文章到 2000 年《战略中心型组织》一书的出版，平衡计分卡已经从最初的业绩衡量体系转变为战略执行的战略绩效管理体系。这里简单介绍 4 个维度的概念：

◇ 财务维度：解决"股东如何看待我们"的问题，是解决其他三类问题的出发点和归宿。

◇ 客户维度：回答"客户如何看待我们"的问题。客户是企业之本，是企业的利润来源，理应成为企业的关注焦点。它是平衡计分卡的平衡点。

◇ 内部流程维度：内部业务流程维度着眼于企业的核心竞争力，回答"我们的优势是什么"的问题。企业甄选出对客户满意度有最大影响的业务程序（包括影响时间、质量、服务和生产率等各种因素），明确自身的核心竞争能力，并将它们转化成具体的衡量指标。内部流程是企业改善经营业绩的重点。

◇ 学习和成长维度：目标是解决"我们是否能持续提高并创造价值"这类问题。只有持续提高员工的技术素质和管理素质，企业才能不断地开发新产品，在为客户创造更多价值的同时提高经营效率。

其实，我们也可以把平衡计分卡简单理解为一种"结构化"的 KPI 体系，从财务、客户、内部流程、学习与成长这几个关键方面来制定绩效指标，以确保指标能兼顾外部客户和内部管理、兼顾短期目标实现和长期成长性，强调的是全面和平衡。

在平衡计分卡的四大维度中，财务和客户维度比较容易在 KPI 分解中反映出来，但对于内部流程以及学习与成长维度，靠 KPI 进行分解就比较少见。因此，企业要根据自己的发展阶段和情况，借助平衡计分卡的四个维度来考虑/审视指标的来源。如果选择了 KPI 的管理方式，就可以参考 BSC 的理念多问自己一个问题：我们指标的来源是否少了，是否需要考虑内部流程和学习与成长呢？

- 目标与关键结果法（Objectives & Key Results，OKR）：

目标与关键结果法的特点是力图确保组织中的每一个人都始终将精力集中在精心挑选的少数事务上（少即是多，每个周期最多制定3到5个OKR），并且强调有一定比例的目标是员工自下而上制定的（一半左右的目标应该用这种方式制定）。它还强调快速应对市场环境变化的敏捷性，强调目标周期，强调目标的透明性甚至鼓励大家全员公开等。

> 平衡计分卡和KPI实则类似，只是平衡计分卡是一种更为"结构化"的KPI体系；而OKR理念有些不同，不求全面均衡，更求聚焦重点。

OKR主要包括目标和关键结果，比如：目标是要达成一季度的盈利，那么关键结果是：a) 第一季度整个集团扭亏为盈；b) 第一季度新业务亏损不超过1000万元；c) 第一季度主营业务净利润达到1000万元以上。

再以某个IT工程师在某季度的一项OKR为例，可能更直观：

目标（Objective）
显著提升xxx处理器的性能（与之前2.0版本相比）
关键结果（Key Results）
1. 优化5个基准程序 2. 开发1个样本 3. 为前端人员编制销售培训材料 4. 与3位客户联系，证明材料可以使用

第 6 章 战略四重奏之四：战略实施

2019年度绩效管理-OKR模版

员工姓名		ID员工号			
部门		直接上级	起始时间		

类别	目标、关键结果和行动	目标值	权重	负责人	相关团队
业务绩效指标	目标				
	关键结果1				
	待采取的行动/需提供的条件	贡献度			
	关键结果2				
	待采取的行动/需提供的条件	贡献度			
	关键结果3				
	待采取的行动/需提供的条件	贡献度			
	关键结果4				
	待采取的行动/需提供的条件	贡献度			
管理绩效指标	目标				
	关键结果1				
	待采取的行动/需提供的条件	贡献度			
	关键结果2				
	待采取的行动/需提供的条件	贡献度			
	关键结果3				
	待采取的行动/需提供的条件	贡献度			

注：关键结果和行动列中，每个关键结果下方均标注"事项/里程碑描述"。

当然，正规汇总后 OKR 的呈现形式可能和 KPI 看起来并无大的不同。因为它们的关键差异是绩效指标的出发点、指标的制定方法以及指标跟踪和管理过程的不同，但差异并不在于指标本身的呈现样貌，我们用 OKR 模板举例如下。

备注：

◇ 原则上，每份 OKR 设定的目标不要超过 5 个，每个目标的关键结果不要超过 4 项，关键结果要设得足够有挑战性（达成概率 60% 左右）。

◇ 经理（管理者）的 OKR 应该包含业务绩效指标和管理绩效指标两大部分。

◇ 待采取的行动/需提供的条件（Action/Enabler）：原则上不要超过 4 项；每个行动的贡献度（contribution）要尽可能用业务指标加以量化。

◇ 目标值（target）：适用的地方尽可能量化。

◇ 权重（weight）的设置：单项权重在 5% 至 40% 之间为宜；管理绩效指标部分的权重不宜低于 30%。

◇ OKR 系统的良好运作，需要坦诚、直言、透明的文化，为了鼓励员工担当和冒险，有些组织将 OKR 和奖金激励分离开来。根据英特尔、谷歌等 OKR 先行者的经验，一个组织可能需要 4 到 5 个季度才能完全适应这个系统，而构建成熟的目标则往往需要更长的时间。

6.2.2 用管理工具持续跟踪

战略的实施关乎过程管理，和项目管理类似，我们常常借助一些管理工具进行持续的跟踪：

- 管理日历（Management calendar）

管理日历是最常用也最容易马上用起来的工具。根据每场"必赢之仗"的行动计划，其中的重要行动步骤自然就形成每场战役的总日历（MWB master calendar）。把这些信息编制到电子日历中（很多公司的电子邮箱系统或 Outlook 系统就可以实现），并共享给所有相关人员。这样，每项关键活动都会呈现在每个相关人员的"个人日历"中，主帅可以随时查看这场战役的总日历；而公司一把手则可以看到多场战役合并起来的"超级总日历"。下面是某场"必赢之仗"的主帅的管理日历显示的简单示意：

	周一	周二	周三	周四	周五	周六	周日
……							
第5周		全天 MWB#1 行动实施（3.2. 启动××谈判…）	9-11am MWB#1 行动实施（3.3. 内部讨论，总结谈判结果，策划××行动…）				
第6周	2-4pm MWB#1 团队双周会	全天 MWB#1 行动实施（3.6…）	全天 MWB#1 行动实施（3.6…）			10am-5pm MWB#1 行动实施（4.2 和团队复盘某初步方案）	
第7周	1-5pm MWB#1 行动实施（4.4…）			全天 MWB#1 行动实施（4.5…）	全天 MWB#1 行动实施（4.5…）	全天 MWB#1 行动实施（4.5…）	
第8周	2-4pm MWB#1 团队双周会	全天 MWB#1 行动实施（4.7…）		2-4pm 月度会议准备	2-9pm 所有MWB月度质询/复盘会（PMO主持）		
……							

- 仪表盘（Dashboard）

顾名思义，就像飞行员通过仪表盘把握飞行中的各种状态，组织也可以用类似于仪表盘的方式来掌控"必赢之仗"的方方面面。即用量化的方式呈现"必赢之仗"大大小小的各项指标，如时间进度、完成百分比、关键里程碑、成果的质量、相关反馈等。并且以公开透明的方式确保高频度的曝光，有的定期或不定期地公布在公司公示墙上的信息栏里；也有的通过IT系统让相关人员随时可以登录查看，甚至推送动态到关键人员的终端；系统可以发送提示，提前提醒一些关键动作；如果出现偏差（如：某些计划中的动作未按期发生、过程性指标不够健康等），系统也会及时发出警示……总之，要确保一切进展和动态都在仪表盘上可视化地呈现，"逼着"大家持续关注和投入在这些真正重要的战略性任务上。

- 其他工具

比如，甘特图常见于项目制管理的组织，也可以用于战略实施中。此处不做详细介绍。还有其他的项目管理软件或系统，都可以根据自己公司的实际情况选用。

6.3　战略实施的具体过程：复盘反思，坚持制胜

万事开头难，而要做到扎实地推动战略实施、达成美好的目标也非常不容易。战略共识和战略解码工作要做好已经很不容易，但毕竟，这样轰轰烈烈的新事物一开始容易吸引很多人的兴趣、关注和重视（并可能带来各方充分的理解，以及大

第 6 章
战略四重奏之四：战略实施

量资源投入的承诺）。其实，我们得充分意识到，这些研讨只是开了个头，大量的具体细节、数不清的非日常性质的"额外"任务、各种意料之内和意料之外的困难……全都在后面等着呢。

执行中出问题的最常见原因不外乎：一把手没有重视、没有亲自持续关注和投入；没有相应的专门的组织和制度来推动落地；没有及时和定期地复盘并调整相应的行动计划；没有配套的绩效管理体系跟上……现实中，这种"虎头蛇尾"的现象很容易出现，使公司的业绩目标无法实现，员工激励也不能兑现。来年再要"打仗"，也肯定气场不足、兴致不高、未战先衰。而最致命的是，组织的新战略没有形成循环，未来五年、十年的战略目标越来越遥远，甚至失去了市场时机，从此被竞争对手甩开而再难翻身。

所以，我们希望再三强调，落地过程非同小可，需要持续全力以赴。一把手要带头持续关注和深入参与落地过程（而不是研讨会上设好目标、布置完任务就结束了）；必须要有专门的推动组织，需要有纪律、有奖惩、有配套的机制；每场仗怎么打，尽管已经有行动计划，但进度需要密切跟进，需要定期回顾，动态调整战术和打法、动态调集团队和资源，遇到困难时要找到足够层面的人或力量来专题讨论、集中攻克；不同的战役彼此之间可能有关联，可能天然就彼此促进，可能需要相互支持，也可能要相互争抢资源，必须有更高层面的力量来协调；甚至，

> 战略落地的关键：高层的关注和参与、专门的推动组织、配套机制、密切的跟进回顾和动态调整……

推动到一定阶段,发现大家在怀疑某场战役到底是否现实、打不打得赢,也需要有讨论有分析、对大家有说法有交代。

战略实施的具体工作步骤如下:

第1步:启动战略绩效管理体系

这里,主要要做的工作就是设计和确定绩效管理的原则、采用何种绩效指标体系、考核的维度和方法、相关人员各自的分工和职责。包括设定绩效如何与薪酬奖金挂钩等重要内容。

一家企业哪怕还没正式采用战略共识、战略解码的做法,通常也设有自己的绩效管理体系,有不少日常经营/常规的经济指标用于考核。而我们说的"战略绩效管理体系"本质上依然是一种绩效管理体系,但它更侧重和战略挂钩、更聚焦于组织变革和转型的重点、更多体现"必赢之仗"的过程和结果,也更有助于推动新的战略重点的攻克。所以它和之前的战略解码的关系非常紧密。战略解码的产出,往往就是这里绩效管理循环的输入。

我们这里想侧重介绍的是这当中的一个重点:**如何确定绩效管理的原则和组织分工?** 不管是否是"战略性"的绩效管理体系,这项工作都是一个常见却又容易被忽略的重要环节。

> 确定战略绩效管理的原则和组织分工,是常见却又容易被忽略的重要环节。

- 确定绩效管理的原则

无疑,在所有动作开始之前,需要先立规矩、讲原则,把

第 6 章
战略四重奏之四：战略实施

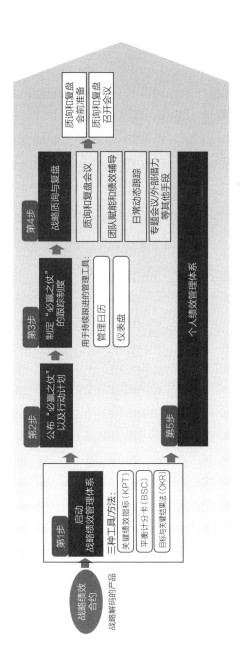

相关组织/人员的定位和权限先定好，以提高后续流程的效率，避免纠纷。

绩效管理的原则，其实可以理解为类似于"公司激励什么/倡导什么"的一些导向性理念。就如常言所说：What gets measured gets done（你衡量/考核什么，人们就做什么）。因此，在组织的重大转型和变革中，尤其要彰显"在转型期，我们更激励什么"的信号，并将这些信号充分沟通传播开来。

实际操作中，我们建议这些绩效管理的原则除了确定"要什么"，最好也能明确"不要什么"，以规避一些风险或误会。

我们举个例子：某家公司的绩效管理原则

要什么：

- 支持战略重要工作的落地
- 客户导向
- 激励员工，能够衡量员工做得好不好：
  - √ 作为评定薪酬和奖金的重要输入之一
  - √ 支持员工找回价值感，让员工感觉工作更有意义
- ……

不要什么：

- 与整体目标脱离关系，或者背道而驰
- 大锅饭，你好、我好、大家好
- 过于复杂的流程和表格，给各部门带来不必要的工作负担
- ……

以上示例，用朴实的语言说清楚了组织最鼓励的是什么（即：经过了战略思考、战略共识和战略解码这个过程，接下来就想要战略能够执行、能够落地），以及最不希望发生的是什么（即：不要与战略重点偏离）。

- 确定绩效管理的组织分工

除了讲清楚大的原则外，绩效管理相关的角色和权限也要理清楚，并且交代清楚，比如说：谁来进行数据核实，关键决策点谁说了算，等等。

常见的主要角色和分工，包括以下几类：

董事长或总裁

绩效管理中核心问题的决策者。一家企业的最高绩效决策者应该是一把手（或二把手），绩效管理不仅是人力资源问题，更是一个战略问题。

- 在绩效管理的决策过程中，通常需要企业一把手（或二把手）决策的话题包括：
  绩效管理的原则（包括要什么，也包括不要什么）
  高管团队每个人的主要绩效指标（如果有高质量的战略解码产出，高管的个人主要绩效指标的确定就轻松多了）
  高管团队的绩效结果与个人薪酬关联的原则
  薪酬总包及关键层级薪酬总额与企业整体业绩之间的关系

业务/职能单元负责人

本业务单元绩效管理的第一负责人（而非由人力资源部作为第一负责人）。他们的职责是：

- 根据战略解码的结论，制定本单元的工作重点和工作计划，并做好相应的沟通（让更多人能够参与到前期不同层级的战略解码过程中来，理解整体目标与个人目标的关联，以及上下级、同级之间相互依存的关系，能够有效帮助单元负责人进行沟通）
- 与直接下属一起设定他/她的个人绩效目标
- 评估直接下属的绩效结果
- 为直接下属提供正式/非正式的绩效反馈

人力资源部

绩效管理流程和方法的设计者和改进者，绩效管理流程的推动者（但不是关键问题的决策者）。他们要做的是：

- 推动所需信息的收集
- 从绩效管理专业（方法/工具/流程等）的角度为各方提供帮助

财务部和运营管理部

绩效管理流程的支持者。要做的是：

- 及时提供真实准确的信息和数据，避免"算不清账"

员工本人

自身绩效的第一负责人,制定自己的绩效目标,并主动与直接上级交流:

- 主动寻求周边同事和外部相关方(如客户、供应商)的反馈
- 对自己的绩效结果进行初步评价并与直接上级确认

变革推动工作小组

如前文所述,涉及较大的战略变化或组织转型时,常需要一个专门的组织/团队,能以更客观、不受原模式和思路过多影响的视角,更有勇气、更冷静地推动变革的落地。这个工作小组也是战略绩效管理中的重要力量,其职责是:

- 诊断绩效管理体系是否符合新的情况,如不符合,提出符合新情况的改进建议
- 跟踪并确保变化的部分是否有人承接、是否能在绩效指标里体现
- 跟踪最终的实施结果,并分析判断是否体现在薪酬奖金中,激励是否落实

此环节中,我们常观察到的难点是:由于企业的管控模式、组织架构或高管成员的分工不清晰,导致在分配任务的时

候，不知道应该分派到谁的头上。我们建议的处理办法有两种：

◇ 如果不清晰是因为一些前期工作没有梳理好，那么就需要停下来，先理清一些关系。当然，如果能更早意识到这个问题则更好，就可以更有序地提前做好准备，而不至于产生由于关联体系不清楚而分工分不下去的尴尬。

> 磨刀不误砍柴工，花点时间梳理架构和职责分工，能更好地保障战略实施的顺利进行。

◇ 如果是由于决策者没把一些事情想好（比如说，一项重要工作，苦于找不到自己满意的人来承担），那就有可能在一些架构设计和职责分工上产生模糊。可惜并不是所有的"灰度"都是利大于弊的。我们建议，即使由于各种原因，组织架构上存在灰度，企业一把手也必须在像"必赢之仗"这样的重要工作的分工上想明白、说明白，特别是对高管团队成员之间的分工，一把手得必须表达清楚。而且，重大事项的分工，必须有且只有一位"第一负责人"（即"必赢之仗"的"主帅"），各种含糊其辞的"共同负责"反而容易导致最终无人负责，落地过程中会造成无数尴尬和混乱。

第2步：公布"必赢之仗"及行动计划

如果之前的工作是高质量的，战略解码所产出的"必赢之仗"和"行动计划"应该已经把打法、突破口，以及很多重要人员的意见都考虑进去了,已经是立即可操作的了。

战略解码会议结束、战略绩效合约签订完毕之后,就需要将"MWB 行动计划"以某种方式分享给所有相关人员(比如,以看板形式张贴,或者以公司重要文件的形式发布),最好以一把手名义、由一把手亲自发出去,以彰显这件事情的严肃性和紧迫感,否则也谈不上是"必赢之仗"了。每场仗的"主帅"是谁也需要非常明确地昭告天下。

总结一下,需要公布的主要内容包括:

◇ 必须打赢的几场战役;
◇ 每场战役的描述,包括是什么、不是什么、成功时的样子;
◇ 每场战役的"主帅";
◇ 每场战役的行动计划:步骤、时间、里程碑等。

第 3 步:制定"必赢之仗"的跟踪制度

落地跟踪制度需要至少包括以下内容:

◇ 要明确有几种类型的跟踪会议要开。通常有两类重要的跟踪会议:定期的质询/复盘会议、不定期的专题会议。
◇ 要明确什么时候、什么情况下需要召集会议。比如,定期的质询/复盘会议,可能按照月度、双月度、季度的频率来开,越是变化大、变化频繁的环境,频率就需要越高。而专题会议,通常是在外部或内部环境发生巨大的变化(如:技术的某个革新、市场政策的某个重大变化、内部某个团队短期内被严重挖墙脚），或者在"打仗"的过程中出现了某个特别棘手的难题时开。

◇ 要明确什么人需要参加什么会。

　a) 定期的质询/复盘会议：需要高管团队全部参加，"打仗"的"主帅"们（通常也是高管团队的成员）自不必说，肯定必须参加。这里还要强调的是，一把手也必须参加这个会议，如果一把手自己觉得没有必要参加，那要么是因为很多事情确实都在掌控和预期之中，要么就是这件事情还不够重要（如果不重要，就不应该算是"必赢之仗"了）。

　b) 不定期的专题会议：如果是某一场战役范畴内的专题会议，应由"主帅"来决定谁需要参加；如果是因为内外部环境突发变化而开会，涉及面通常就比较广了，常会影响到多场"必赢之仗"，专题会议常常要由一把手或者负责落地的专门团队来发起，所有之前参与战略解码的高层和中层人员均需要参加。

◇ 要明确有什么样的奖惩措施：可以设置单项的奖惩方法，也可以与绩效管理相结合来设计。考虑到"必赢之仗"通常具有高难度系数，建议组织更多考虑"重赏"而非"重罚"。

在这里，就可以把重要的会议日期/议程、关键里程碑或节点、阶段性指标、进度情况等，都用前面介绍的管理日历或仪表盘之类的工具可视化地呈现出来，并共享或推送给相关人员，以便大家共同跟踪，一旦出现时间滞后或指标落后，能立即提出"警示"。

第 4 步：战略质询与复盘

战略质询与复盘包括多种途径和方法。有正规和定期的质询/复盘会议，也需要日常的动态跟踪、不定期的专题会议，甚至贯穿着为"必赢之仗"团队进行持续的赋能和辅导的动作。

这里，我们重点介绍质询/复盘会议，以及团队赋能和绩效辅导这两个方面。

每一次战略质询/复盘会议，本质上要实现这些目的：

a) 持续检验战役本身的合理性（当时是不是头脑发热制定的计划？后来会不会因为环境变了，某些战役要改变？等等）

b) 把握每场战役的进度

c) 检验行动计划的合理性，根据内外部情况动态调整计划，并达成共识

d) 肯定和激励完成得好的部分

e) 通过质询发现短板和挑战，头脑风暴，讨论对策

f) 多场仗之间有交集的地方，要协调矛盾和资源

g) 把握各主帅及其团队的精神面貌、投入状态、意愿、能力和潜力（并及时干预或给予支持）

> 可见，质询/复盘会议的意义不仅在于推动战略的实施，也在于持续辅助战略思考、讨论和共识。

总之，既要通过质询和复盘来密切跟进，确保责任和担

当,适度让各场仗的主帅及其核心团队当众亮相,"比"出压力,也要集体商讨,相互切磋,碰撞智慧。这是鼓舞士气、持续注入动力的机会。

我们分享一下跟踪质询/复盘会议的具体做法。

质询/复盘会议前准备

质询/复盘会议的充分准备,有赖于日常的点滴工作。

在日常工作中,专门的跟踪推动团队通过高频率的接触,应该动态地了解掌握每场战役的战况。特别是有量化数据的地方,更需要随时了解每个关键的数据指标目前完成到哪儿了、与计划的差距是什么。当然,这也需要财务团队随时配合,以及有一本清楚的账(现实中,很多企业"账"算不清,成了跟踪战略落地的阻碍因素)。

跟踪推动团队需要拿着每场战役的行动计划,按计划好的时间和产出去找到差异。这还不够,还要尽可能挖掘超出计划或落后于计划的原因。同时,也要关注外部市场的信息和数据,特别在瞬息万变的高竞争行业,必须随时搜集竞争对手的各项主要指标,作为判断自己的进展是否合适、是否理想的依据之一。比如:快消零售行业的组织,如果以快速铺设线下终端、抢占市场份额为一场"必赢之仗"的话,肯定不能仅仅对照自己计划的终端布点目标数,而必须和竞争对手的布点速度、市占率的变化相比较,甚至紧密对照对手在新零售方面的新动作。

会前,各场战役的"主帅"需要提前对自己负责的战役进行总结，说明是否按计划的节奏和速度在进展，如果进度落后或完成质量不足，要做好原因分析。同时要想好策略，确定接下来如何赶上原计划。在日常跟踪和会议准备的过程中，推动团队很可能需要对各个"主帅"以及相关人员（如财务）进行一些访谈，以了解更多的信息。

如果预估开会时可能产生很有争议的话题或者可能大家普遍缺乏思路的话题，推动团队最好及时告知一把手寻求指导，也可以定向邀请外部的专家，或者做些外部的案例分析，用来在开会现场启发大家的思路。

质询/复盘会议的召开

◇ **会议开始，先要明确现场讨论的规则**。比如，站在全局视角、就事论事、鼓励发言、开放倾听等，这些规则和前面战略共识/解码会议的规则类似，而且，经历过那两个研讨会之后，大家应该对这些规则不再陌生了。但每一次开会时，再度重申类似规则是有好处的，这也是统一心态、打造企业文化的过程。

◇ **回顾各"必赢之仗"的目标和进展**。这时，会前准备的各种资料就派上用场了。汇报通常由"主帅"来进行，但专门的跟踪推动部门可以用更客观的视角进行补充。回顾的内容需要包括为什么要打这场仗、这场仗之前计划的行动是怎样的、衡量指标有哪些、目前进展到哪儿了、与计划的偏差体现在哪里。过程中其他参会者可以适度提问和互动，但要留意倾听，避免急着做评论、下判断。

◇ **分析差异的原因，探讨可能的对策。**

这个步骤中，"主帅"要分享自己（及团队）事先分析出来的原因，现场参会者也可以加入讨论，一起分析。但这里最需要提醒的几个点是：主帅要多从自己身上找原因，而不是强调各种客观因素；一把手要避免因为对进度不满而质问追责，产生情绪冲突；不要让对话陷入空洞的讨价还价的过程。此时最需要的是：一把手及其他重要成员一起认真倾听"主帅"陈述的原因，多追问他背后的假设，帮助他思考这些假设是否合理，有没有遗漏的信息或思考角度，有没有什么打法没有想到，有没有以为是不可能的路径而没去尝试，有没有其他的资源或许可以用上，有没有可能的风险因素还需要留意，等等。关键在于：要把一方追究责任另一方拼命解释的过程，转变成群策群力、寻找突破口的过程。

> 要把一方追究责任另一方拼命解释的过程，转变成群策群力、寻找突破口的过程。

◇ **总结和决策新的行动计划。**经过充分的群策群力之后，就需要有人决策了。对于"必赢之仗"这项重中之重的工作，我们始终建议由一把手来决策，以保证决策的质量和严肃性。除了决策某场仗是否要调整打法、速度、资源外，有时候可能还需要根据内外部环境的新变化，决策是否要增减某些"必赢之仗"。比如：以仿制药为主业的医药企业，突然面临俗称"4+7"的国家药品带量集采新政，就必须把"改革营销体系"或是"加强原研药开发"这种生死攸关的话题加入"必赢之仗"的清单,哪怕在一年工作的半中间,都必须增加新的"必赢之仗",而且还必须调集最优资源和最强兵力去攻克。如果评估下来,发现这些战役本身没问题,更多的是"主帅"本身的能力或态度问题,或者由于战役的难度调整了,原来任命的"主帅"已不合适了,那么就需要调整人员(换帅)。调整人员的时候要防止的现象是:大家不在乎任命谁为"主帅"、随便找个相对空闲的人就是了;或者谁都不想要这个难度高,又似乎不够正式的职位。这就需要绩效管理体系的配套设计来管理和激发大家了。

◇ 这里也提醒一下:根据总结和决策制定的新行动计划,需要及时更新到管理日历、仪表盘之类的工具中,并及时传达到所有的相关人员。

团队赋能和绩效辅导

在"必赢之仗"的"作战"过程中,我们也不能把"将士"们直接"扔进大海"任其浮沉。毕竟,这是一

> 给团队赋能、提供绩效辅导,既帮助探讨业务上的难题,也锻炼和鼓舞"主帅"及其队伍。

场场漫长而艰辛的硬仗,而且常常是公司以前没接触过的新内容,很多人都得在"舒适区"之外拳打脚踢、竭尽全力。所以,要及时寻找和组织资源,给团队赋能、帮助团队(尤其是"主帅")迅速学习新知识、培养新能力;一把手也要亲自投入,持续提供绩效辅导,甚至是一对一的针对性辅导,既帮助探讨业务上的难题,也锻炼和鼓舞"主帅"及其队伍。

我们在前面战略解码的"责任到人"部分提到过，可以采用两种思路安排各场战役的"主帅"。

◇ 如果按工作强相关来用人，"主帅"（及其团队）是很熟悉这个领域的，去寻求支持、跨部门推动也比较自然有效。所以，他们并不需要太多专业领域的赋能或辅导，甚至很可能在这个特定的专业领域一把手也强不过"主帅"，未必能提供具体的指导。这种情况下，一把手更需要做的是给这个"主帅"提供一些不一样的视角、启发和刺激，来确保这场战役和业务的紧密挂钩以及和公司整体战略目标的紧密挂钩；需要侧重引导和鼓励大家的创新和突破意识（因为专业强的"主帅"也可能有经验主义和思维惯式的弊端）；也需要在激发和保持士气方面多关心"主帅"及其团队。

◇ 而如果是根据弱相关的重点工作安排"主帅"的话，情形就不同了。领到不熟悉、不擅长的领域工作的"主帅"，常常会在快速学习、资源整合、团队带领等方面遇到挑战，公司最好为他/她搭配其他的内外部专家，给予支持，也可以就一些特定的议题组织安排"小灶"补课，搞些猛烈的魔鬼式速成学习。而一把手也需要对这位"主帅"给予更多的关注和介入，甚至提供具体的业务/专业指点和建议；也要更频繁地做一对一辅导，既要指导具体"打仗"的思路，多谈能力提升和团队领导，也要及时疏导压力、激发驱动力。

总之，在战略执行过程中，除了使用管理日历、仪表盘这类相对量化和硬性的管理工具外，我们也需要赋能和辅导来发挥一些柔性的作用。既要确保打赢仗，又要把人心和斗志保持好，还要把组织能力和团队能力打造出来。

> 既要确保打赢仗，又要把人心和斗志保持好，还要把组织能力和团队能力打造出来。

第 5 步，个人战略绩效管理

花开两朵各表一枝。

战略共识和解码之后，一方面要推动和落实"必赢之仗"，另一方面也要启动个人层面的战略绩效管理周期。虽说我们把个人战略绩效管理列作第 5 步，实则它也是一个完整并且不断重复的闭环，贯穿战略实施的始终。其最终结果是员工个人绩效水平和组织整体绩效水平的不断提高，从而实现员工个人发展和组织整体发展的"双赢"，确保战略落地。

我们以某家公司的个人战略绩效管理图，来展现这个循环的过程。

- 薪酬调整
- 奖金发放
- 晋升
- 转岗与辞退
- 员工培训

- 根据战略解码，制定个人绩效目标
- 个人发展计划
- 建立绩效标准

通过战略共识和战略解码，就企业战略的重点及目标达成共识

绩效结果应用 — **绩效目标设定**

战略绩效管理

基于合理的工作与奖励制度方面的承诺

明确对个人贡献的期望

绩效评估 — **绩效反馈与辅导**

通过反馈与学习培养/提高能力

- 自我评估
- 上级评估
- 行为能力评估
- 潜力评估

- 帮助
- 指导
- 反馈
- 训练
- 目标调整

限于本书篇幅,我们不将个人经历的绩效管理步骤逐个展开,有很多专门介绍绩效管理的书籍可供参考。这里,我们想提供的是这个过程中的操作注意点,或如何确保与战略紧密挂钩的建议:

- (战略解码之后)一对一沟通

沟通是伴随绩效管理的整个过程的。在战略解码研讨会之后和个人绩效合约签订之前,很需要沟通,这个时候的沟通是最有效果、最有据可依的。如果来不及在签约之前沟通,也必须在签约之后尽快完成。因为签约现场通常具有仪式感带来的承诺、压力和动力,但未能马上让绩效合约变得完整,所以,个人绩效合约还需要在真正的一对一沟通完成之后,再进行一次双方签署。(也避免给签约的高管/"主帅"带来现场"绑架"签约,而个人沟通不充分的不良感受。)

完整的一对一沟通,需要在沟通之前准备好以下内容:

◇ 组织的角度,要准备好定义清楚的数据和信息,相关公式的定义,每个数据的来源、定义和计算方式:看起来这些信息理所当然是需要的,但实际中常因为业务的本质没有定义明白,企业内部算不清账,或者关键业务问题没有想好,导致信息数据模糊或缺失,以至于沟通完、签好约之后,个人还带着很多的疑问和困惑,年底算总账时,又是一笔糊涂账。

◇ 个人的角度，要准备好未来一年的工作重点、自己的工作目标及相应指标、希望主动跟上级领导沟通的内容，以及相应的疑问。

在沟通的现场，专业人员（或工作小组）很可能需要参与部分沟通环节，以提供建议和指导——绩效管理本身就需要运营、战略、财务、人力资源等部门的配合，因此在一对一沟通的过程中，最好相关部门能够阶段性地参与，或在需要时能够到场支持。

另外，在沟通过程中，需要留足时间给个人表达和交流互动。

- 指标和权重的设置

如前所述，战略解码的输出往往是战略绩效管理的输入。最直接的体现就是，中高管的绩效指标应该有"战略性指标"和"日常经营性指标"两部分，前者来源于战略解码环节，常常就是某一场"必赢之仗"的一些重要的过程和结果指标；后者则覆盖这位管理者的日常管理领域，和平时的考核指标类似。

这两部分的比重要合理，要足以反映这位管理者对公司战略重点的承接、对"必赢之仗"的承诺，这才能引导管理者去真正调整自己的时间和工作重心，投入战略性的工作上，而不是一出会议室就回归原点。

需要强调的是,越是高层人员,其绩效指标和权重与战略的关联度就越是明显。如果某位重要高管的绩效与战略解码的结果关联不大,那要么是"解码到人"的时候出现了偏差,要么是分工出现了问题,再要么是(由于种种原因)没有将战略性的工作分配到此岗位或该人员。这些问题必须得到审视和解决。

- 回顾与修订

伴随着对整个组织战略落地的定期回顾,个人业绩的回顾与修订时间也需要匹配上。上下级之间需要定期讨论在外部环境和内部环境变化的情况下,共识对个人业绩的影响。

- 绩效总结和辅导,与薪酬和奖金挂钩

发奖金的那个月,决策者们常常会头疼,"手心手背都是肉",资源又是有限的,到底应该如何平衡,怎么分配和发放,才能够相对公平?其实,如果前面的这些步骤都能做得扎实、清晰,最后的结果就会水到渠成。签约的、承诺的,都要做到认真兑现,好好沟通。哪怕依然存在不尽合理(以至于不尽公平)的地方,也应坦诚地面对,及时沟通澄清,立即在下一轮战略和绩效的循环中改良。

这样,才能让战略循环、绩效循环都形成良好的闭环,也才能让组织进入良性发展的轨道。

6.4 战略实施的实际操作中的常见问题

6.4.1 常见问题

1. 一直以为战略制定才是"高精尖"的活,战略落地真的那么重要又那么困难吗

扎克伯格初期是怎么保护 Facebook 的最初创意的?为什么 Facebook 上线后其创意没有被其他大公司抄走?答案是:保护创意的最好的方法,就是将其执行到最好。

再举个例子,海底捞的很多做法和竞争优势,大概也算被同行兜底琢磨了个遍吧?但业界中哪家餐饮企业把这些东西真正学到位、用到精呢?可见落地执行之不易。

《财富》杂志统计分析表明,有效制定的战略中,只有不到 10% 被有效执行,也就是说 10 家公司中只有不到 1 家公司能真正将战略执行落地,可见战略执行是公司管理团队面临的最大挑战之一。

2. 战略执行中为什么需要那么强调团队赋能和绩效辅导,这和我们平时做的常规的赋能和辅导有什么区别

本质上,还是因为这不是平时那种"安营守城"的任务,而是向未知疆土的进攻。因为要打的这些"必赢之仗"是以前没做过的事,难度系数高,通常多多少少会超出组织/团队当前的能力范围,能力不够就要想办法补,引入力量和资源可以做，但赋能自己的团队、培养内部人才方是长久之道。而且，"必赢之仗"漫长而艰难，需要"战士"们跨越心理的舒适区，"战士"们需要心理能量。所以，"赋能"赋的不仅是能力，也是能量，赋那种持续啃硬骨头的能量。

3. 战略解码之后的绩效考核，与传统的绩效考核有什么不同

战略解码是在解战略重点，通过行动计划"解码"出来的关键指标，都是重要的，都能支持战略"成功时的样子"。用这种方式来做绩效考核，能够更直接明确地找到更重要的、需要啃硬骨头的指标。越是高层员工，战略解码相关指标的权重就应该越大。而且高管经过了从战略思考到战略共识，又到战略解码的共同讨论过程，更能理解并认可各指标的来龙去脉，也更明白自己承担的职责，以及自己和他人之间的关联。

4. OKR 与 KPI 有什么异同？与战略解码有关的绩效考核中，该用 OKR 还是 KPI

从 OKR 的名称"目标与关键成果"（Objectives and Key Results）就能看出，OKR 把"O"放在了最前面，强调了"O"，即目标，无论做什么都别忘记了目的和初心，别变成了为做而做而忽略了"梦开始的地方"。其实，OKR 并不是一个全新的概念，它最初是由英特尔提出的，早在 20 世纪 70 年代，在英特尔工作的约翰·杜尔就接触到了 OKR，他转型为风险投资人后，将 OKR 引入了他所投资的一些科技公司（包

括谷歌、亚马逊、领英）并成功推广。OKR 强调目标性、主动性、参与性和创新性，非常强调过程的管理。

KPI 是关键绩效指标（Key Performance Indicator）的缩写，KPI 的理论基础是"二八原理"，这是由意大利经济学家维弗雷多·帕累托提出的一个经济学原理，即：一个企业在价值创造过程中，每个部门和每一位员工的 80% 的工作任务是由 20% 的关键行为完成的，抓住 20% 的关键，就抓住了主体。KPI 的"K"，即"关键"，就体现了强调要抓重点的"二八原理"。KPI 指标体系能够较好地突出公司发展的重点，从上到下，把大目标分解为小目标，并把结果转换成指标，然后放在每个岗位上，岗位上的人则需要实现相应的结果。传统的 KPI 是根指挥棒，注重结果和考核（而非过程），有什么样的指标，就需要实现什么样的结果，完成得好不好也和个人的收入/激励强关联。

那么，战略解码的核心要点，与 KPI 和 OKR 又有什么关系呢？下来我们通过比较，来说明它们的关联。

说到底，OKR 和 KPI 没有绝对的差别，也没有孰优孰劣之分。KPI 可以借鉴 OKR 好的部分，反之亦然。适合组织和团队情况，能够促使事情做好、把人员激励好，就是好的工具方法。战略解码这种方式，融合了 OKR 的民主参与、开放协作、过程管理的理念，也非常强调 KPI 的聚焦关键、使命必达的精神，更重要的是使制定战略而后支持战略成为现实。

对比角度	OKR	KPI	战略解码下的战略绩效管理
定义	Objectives and Key Results（目标与关键成果）是一套明确和跟踪目标及其完成情况的管理工具和方法，主要是明确公司和团队的"目标"以及明确每个目标达成的可衡量的"关键结果"。	Key Performance Indicator（关键绩效指标）是将企业战略目标分解为可操作的工作目标的工具，是用来衡量组织和个人绩效的量化指标。	战略解码，是把战略思考和共识后的战略进行分解和具体化，并落实为相近期的时间表、资源分配计划、责任分工方案的过程。它解决的是战略如何层层拆解，确保上下同欲的问题。战略绩效管理，则是指基于战略解码的产出，围绕战略性工作（"必赢之仗"）进行绩效指标设置、绩效跟踪、反馈和评估的过程。
绩效目标主要从何而来？	强调自下而上，由每位员工自己设定目标，但同时要结合组织/团队的整体目标，以及其他相关人员的目标，用一种网状的视角，来看待自己的绩效目标及其相互之间的影响。	是从战略目标开始，层层分解的过程，通常由上级指定下级的关键指标，下级需要"指哪打哪"，完成这些指标。	从战略目标开始，抓住战略大事要落地的思路，鼓励上下级/平级开放的态度，共同讨论。从时间顺序上来讲，先制定上级的指标再制定下级的指标；从参与人员的角度来看，同一级别的指标是大家共同制定的，同时也与上级和下级的参与共和讨论，一起达成共识。之后，目标还需要根据战略战术的变化，定期和不定期地进行复盘和调整。

第 6 章
战略四重奏之四：战略实施

目标值的要求	行动要明确、具体、可操作，且必须有结果，鼓励挑战性和创造性的目标。	通常下一层级的目标值的加总效果，要略大于上一层级的目标值，以"留有余地"，以确保最终目标的实现。	行动要体现具体的打法；目标实现的前提，是要保证关键战役能够打赢，可以设置不同难度级别的目标（如门槛值、基本完成值、高挑战值），也需要保证战略的最低难度的门槛值，实现和落地。
绩效管理的过程	更强调开放性和参与性，非常强调过程的管理和调整，也相信员工的能力和自主性，每个岗位的OKR相对公开透明，可以相互查看。	传统的KPI管理是相对封闭和行政命令式的，指标是被动接受的。但做得好的企业也能把KPI体系做得开放、有参与感。做得好的KPI体系也非常强调过程中的辅导和管理，而不是只看结果和数字。	要回到源头看整个公司的战略和"必赢之仗"，这些是起点，所以管理的重点是公司的大事和难事有没有变化，有没有进展，关键问题有没有解决，然后再看每个角色在其中的作用、贡献有没有实现。
关注点	发挥每个人的能动性和创造性，关注目标。	每个人要完成分解下来给定的指标。	要把战略真正落地，要让每个人的行为与重要的大事相关联。

（续）

对比角度	OKR	KPI	战略解码下的战略绩效管理
与员工回报的关联	不一定强关联，所以更能鼓励员工给自己设定更高的目标。	强关联，所以常常有讨价还价的情况出现。	重要战略事件的承接人（如："必赢之仗"的"主帅"）如果能够成功把仗打赢，需要得到相应的回报。
适用的情况	1）员工个体素质高，有足够的自我管理能力和自我驱动力； 2）组织文化能支持、有真正开放直言、创新和信任的文化；	1）业务和目标相对稳定，能看得比较清楚； 2）分解的过程和结果也是比较明确的，需要使命必达。	1）战略转型和变革方向应更坚定，要集中精力坚定执行下去，并把事情做成； 2）阶段性的战略目标清晰，或者由团队讨论明确一种或几种尝试方向；

	3）领导者的领导力和管理能力强，如：即使不用这种方式兑现员工业绩，也有其他公平的方式来给员工回报/认可； 4）业务的不确定性强，多变，需要创新和探索。	3）要有开放协作，使命必达的文化； 4）过程中要鼓励参与和创新。
可能的风险	没有了解其本质，盲目效仿，造成管理的混乱和失控。	1）如果上级的指令会错误，越执行越会偏离"正轨"，员工也可能为了指标而指标，忘记了为何出发。 2）"唯指标论"，只以数字论成败，导致员工产生不公平感。	绩效管理的重点没有紧密向战略重点倾斜，则可能导致战略不能落地。

5. 战略解码之后的绩效管理，有哪些需要避免的误区

要避免为了绩效管理而绩效管理，把流程走得看起来很完整，在往前推进，但其实与战略目标脱了节、走偏了。另外，数据和信息的收集要考虑管理成本，所以绩效管理的精准度与效率需要得到很好的平衡，更聚焦战略相关的信息。此外，要避免追求绝对公平，这其中免不了人为判断和决策的部分（正因如此，规则要提前明确），也要避免角色的混乱，如把人力资源部定义成为绩效管理的主导者和决策者，在战略绩效管理的前提下显然并不合适，人力资源部更适合战略绩效管理推动者的角色。

6. 在战略解码的时候，我们分明把"必赢之仗"都说清楚了，责任也明确了，绩效体系也跟上去了，还需要做这么紧密的跟踪吗

非常需要。首先，"必赢之仗"常常都是新话题，是组织以前没遇见过的，也常常是难题，是硬骨头，需要额外的力量、资源和心理能量去做，因而非常需要时不时地将关键人员聚在一起，集思广益，探讨各种可能性。另外，环境的变化常常比想象中更快，计划外的现象层出不穷，意料外的困难也急需大家一起调整对策和寻找新的解决办法。还有一个重要的原因是人有惯性和惰性，而"必赢之仗"通常都需要主帅和关键成员们走出舒适区，"默默努力"是很挑战人性的，而如果能有人监督、关注和激励，能确保更好的效果，特别是一把手

在重要的总结复盘会议上出现,既以实际行动和时间投入表明了对这件重要工作的高度重视,也能切实帮助解决很多难题。还有一种可能,是现场分配"主帅"的时候,"主帅"们并不个个都心甘情愿,缺乏主动性,复盘的时候,也需要观察这个现象,然后进行干预和调整。

7. 战略质询/复盘时,行动计划真的要大动干戈地调整和改变吗?改多少才算是合理的呢

在这个瞬息万变的时代,战术的调整乃至大的战略的调整随时都有可能。虽然在战略解码的各场战役的"行动计划"环节,大家已经帮助"主帅"尽力去找打法了,但会议上时间紧、任务重,也有可能很多事情没有说透;再加上现场热度一高,很多不切实际的想法也可能会爆发出来……会后一落地,会发现做起来比想象更困难。所以,动态调整计划常常很有必要,甚至是必需的,没有一个行动计划可以完美到一年之内无须调整。至于调整多少才算合理,很难给个绝对的百分比,这是一个综合判断。

8. 这个负责全程推动"质询和复盘"的团队是全职的吗?这个团队的组成和人员来源是怎样的? 他们的主要任务是组织质询/复盘会议吗

我们更建议这是个专门团队,负责全程跟进、推动这几场战役的落地进度和质询/复盘(即前文所提的工作组)。核心负责人最好是全职的,此外,通常可以从战略、财务、运营或

人力资源部门抽调人员，兼职加入团队。如果公司有专门的全职变革团队或变革管理办公室之类的机构则更好，变革团队更有优势，也更有责任来承担这个角色。前面提到也可借助外部力量，是说可以适当借助咨询公司的力量；也可以组建一个虽属内部，但相对中立/独立的组织，但这个组织最好能招聘新鲜的血液，并赋予其独立的授权空间。

这个团队除了起到督促、发现问题的作用以外，最好还要具备一些专业能力，帮助诊断各场战役和提供建议，即时处理一些问题，而不是把所有问题都集中放在质询/复盘会议上等待大家群策群力。这个过程也可以借助些外部力量，这样能更加客观和中立。不论是日常沟通中还是在质询/复盘会议上，如果有高质量的推动团队/成员做较好的引导，帮助大家倾听、理解、及时总结，帮助判断哪些观点本质上一致（有时只是用了不同的语言）、哪些确实不同，能够引导大家说出背后更多的想法、信息和假设，能够判断出哪些分歧是观点的不同，哪些只是情绪问题，那就更好了。这样，战略落地过程中的各种沟通和会议就能更高效、更有助于实现目标。

9. 质询/复盘会议，应该以什么样的频率进行

狭义地讲，正规的质询/复盘会议应该定期举行，比如每两个月组织一次。让一把手、"主帅"及关键人员都参与，负责跟踪推动的工作小组当然是牵头召集的角色。这些定期会议，就是要让几场"必赢之仗"集中亮相，展开复盘和讨论，集中猛攻一些比较棘手或特别需要跨团队/跨部门协同的难题。

而广义来讲,质询和复盘应该是随时在发生的。负责推动的团队平时就要一直动态跟踪每场战役的进展,即时发现问题,分析现状与当初计划的差异,帮助"主帅"(及其团队)一起寻找原因和解决办法,调整行动计划,至少把一些初级的问题即时和尽快地解决掉。这个团队也需要实时了解当初制定计划时的前提条件有没有改变,如有改变,则可提议调整行动计划;也要关注每场仗的资源和支持是否到位,及时帮助增补或调整;还需要及时和一把手交流,汇报战况和一些重要观察,也借机了解目前的进展是否吻合一把手的预期,是否有一些必要的调整意见,等等。如遇内外部环境发生重大变化,或是遭遇实在难啃的骨头(即难以找到某个议题的突破口或解决办法),则需要马上组织专题会议来讨论或攻坚。甚至可以请外部专家参与,提供不同角度的启发和建议。这些动作需要推动团队在日常工作中以很高的频率随时"质询"和推动。

10. 质询和复盘还有什么其他的价值

这个过程也是一个培训人才、发现人才的过程。每次研讨,都是关键领导者给"打仗"的"主帅"和"将士"们赋能的过程;而日常一同"作战"的时间,则是"主帅"们培养一同"作战"的团队成员的过程。而且,"必赢之仗"几乎都是跨领域、跨职能的,也能够培养大家跨领域的视野和站到组织全局看待事物的心态。过程中,一些思路活跃有创新潜力的人、一些积极主动敢于担当的人,很有可能会脱颖而出,迅速成长为组织实现未来战略特别需要的人才。

同时，这对企业文化的打造也非常有帮助。一把手和关键人员需要以身作则，帮助大家在战略落地的过程中形成更好的文化、打造更强的能力。

6.4.2 需要避开的坑

战略循环中最糟糕的情况是什么？其实，最大的坑就是虎头蛇尾。年初轰轰烈烈搞战略共识和战略解码，下达任务并和绩效考核绑定；年中彻底放养，无人过问和督促，没有组织，也没有讨论的机制，"主帅"们需要求助时不知该找谁，也约不上一把手的时间；到第四季度临时抱佛脚，赶赶进度、做点表面功夫；而到年底则是算总账，考核的大刀往下砍。一年下来，不但当年战役没打赢、业绩没达标、奖金拿不到，还影响了士气，影响了大家对战略共识和解码的决心。如果第二年再重复一次没有改善的话，基本上就进入某个恶性循环了。

质询和复盘中，需要留意的具体的坑如下：

◇ 避免形式主义：最怕看起来什么都有，貌似制度齐全、表格填满、会议按期召开，花了很多时间和人力资源，结果没有起到作用。究其本质原因，还是关键人员不够重视，或者是觉得重要但又没有那么重要（要么是危机感不够，要么是找"必赢之仗"的时候没有找准，结果就成了可打可不打了），但又觉得这事似乎要做，变成"为了做而做"的形式主义了。

◇ 避免避重就轻：过程中要抓住最核心的问题点和难点，特别是偏离计划的地方,值得花时间、花大力气去研究和探讨。避免在其他话题上铺陈细节,说太多太细,避免讲做了多少不容易的事情,有多辛苦、多不易(不要开成诉苦会),但没有花足够的时间去解决还存在的关键问题。

◇ 避免一直找理由:少说困难和无法实现的原因,而是抱着一种必胜、总有办法的信心,敞开去讨论。

◇ 避免成为批斗大会:质询和复盘最主要的目的,还是希望能够大家一起把事情做好,把突破口找到。我们也相信大部分的"主帅"是非常敬业和努力的,只是缺乏信息和思路,这是大家一起想办法的会议,并不是要证明谁对谁错、谁更高明、谁犯了愚蠢的错误。一旦进入批评的状态,则容易影响讨论的气氛和大家的斗志,在紧绷而负面的情绪下,人的思路也会受限。

◇ 避免本位主义和部门墙:"必赢之仗"通常是跨部门的重要工作,虽然有些战役确实有职能的倾向性,但大都需要集中公司最宝贵的资源一同去打,即使是支持的人员也需要全力以赴,这种齐心协力把仗打赢的意识一定要有,当然,摈弃本位主义也是很多组织需要一边"打仗"、一边通过各种方式不断塑造的企业文化。

6.4.3 我们的诀窍

"质询和复盘"要做到位的话,需要哪些关键成功要素?

◇ 一把手重视并亲自主导:有专门的部门来推动"战役"是

非常重要的，但专门的部门无法替代一把手的战略性引领。对战略相关事项，我们认为必须由一把手来抓。确定关键点并决策、带头质询和持续关注，也是一把手的职责。

◇ 关键人员确实认可这几场"必赢之仗"的重要性和意义，愿意领受任务：有时仗打不下去，是因为"主帅"从开始就没有真正认可这场仗的意义，不想打这场仗，但在之前的战略共识和解码会议上，迫于群体压力没有明说，不得不接受了主帅的位置，但其实并没有热情真的去领导这场战役，这种情况并不少见。这时就需要敏锐地解读人心，并做足工作，要么让这位"主帅"真心认可，要么更换"主帅"。也有可能是因为这场战役确实没有意义，那就需要"倒带"回到之前的场景去复盘和修正了。当然，也有可能是激励的问题，那就需要去调整绩效管理体系了。

◇ 兼顾关注外部信息："必赢之仗"的落地管理，有时容易变成一种纯内部的管理活动，而忽视了外部视角。但它本质上是战略性的活动，是必须同时考虑外部的市场的，所以一定要重视外部的变化，如：行业的一些变化和趋势、竞争对手正在做些什么/准备做什么、客户有什么变化、客户是否满意、合伙伙伴最近有什么反馈或可能的变化，等等。这些都是战略相关信息，要随时收集和分析，并融入落地动作。

◇ 形成习惯和机制："没有规矩不成方圆"，要让一件事情落地，需要形成企业内部的语言和标准动作，制度是不可缺少的，同时需要与绩效管理制度有接口。
◇ 有专门的推动团队：仗不好打，更需要有人组织和督促整个过程，这种推动力量最好由外部力量扮演（有时用点"外力"比"内力"更容易让事情发生），并随时提供该有的数据和信息以供参考，财务团队及时提供数据也很重要。

6.5 本章小结

- 战略实施的成功关键之一，在于把握和善用工具和方法，有专门的推动组织和配套管理机制。

  1 个主要抓手：战略绩效管理体系

  2 项跟进工具：管理日历和仪表盘

  3 种绩效管理方法：关键绩效指标（KPI），目标与关键结果（OKR），平衡计分卡（BSC）

- 战略实施的成功关键之二，在于做好每个环节、每个细节。全力以赴毫不松懈，同时保持灵活和敏锐，在密切跟进和回顾中，不断调整优化，往前推进！

- 战略实施的成功关键之三，是一把手/高层的高度重视和投入，要亲自参与关键环节，随时调整落地的策略，确保资源充足，并及时辅导和帮助"主帅"们。

- 战略实施的成功关键之四，是把每场质询会都变成对未来胜利的激励而非对过去结果的评判。

第7章

案例赏析

战略的话题，常常因其复杂抽象而说不清道不明。除了力图从核心挑战、方法论、操作步骤、常见问题等几个方面来阐述，我们也想通过一些我们经历过的真实案例（当然，进行了必要的模糊处理），展现中国企业在转型变革中所遇到的一些典型场景、当时面临的挑战、做过的事、走过的路、踩过的坑、收获的心得和成长……通过这些案例，希望读者能一边重温我们前面所写的内容，一边获得更深刻的理解和思考。

7.1 案例赏析之一：战略共识

7.1.1 场景回放——"我还以为大家都认同了"

企业背景：A集团，从中国的某二线城市创业起家，发展为关注实业制造和金融地产等领域的多元化集团。

对话人物：张总，A集团CEO（兼创始人）。女性，40多岁，从20岁出头开始在中国的某二线城市创业，成就欲非常高；战略思维能力强，有眼光并善于抓商业机会；脾气急躁，反应迅速，也喜欢快速表达自己的观点，要求下属高效执行。

有一大群跟随她多年的老兵,但他们在长远眼光和宏观思维方面和张总有很大差距,因而张总对下属容易不耐烦。下属以听命服从和执行为主,不敢"犯上"。

相关信息:该真实情境发生在几年前 A 集团启动变革转型之初,也是我们顾问团队与 A 集团初步接触之时。

场景回放:

几年前,我们受到 A 集团创始人、董事长兼总裁张总的邀请,带领顾问团队来到 A 集团参加公司战略会议。环顾四周,会议室的墙上贴满了张总的大幅照片,以及公司的历史、使命、愿景和当年的目标等宣传页,会场透出威严和庄重的气氛,连桌上的茶杯都严格摆成直线。

创建十几年来,A 集团敏锐地抓住了几轮机会,快速发展,积累了市场经验、财富和自信。企业的发展是永不停歇的，张总这位掌门人一点儿都不松懈。离开会还有10分钟，张总化着精致的淡妆，精神抖擞地出现在会议室，和我们简单寒暄后，她坐到了最前端的老板椅上，期待着接下来与高管们的交流。

高管们陆续进入会议室，大多安静而自然地选择了后排的位置，来晚的几位，只好坐在了离张总较近的位置。少数几位和张总对视的，则被张总招呼到了更近的位置坐下。

会议开始后，主持人邀请张总发言。张总有点迫不及待地开始讲话，她神采飞扬，自信果断，我们能够强烈地感受到她的兴奋和激情。相对而言，大部分高管则低着头，几乎没有人做笔记；偶尔跟张总对视的人，则以点头作为回应，偶尔被张总点名的，则非常简短地表示肯定和支持。整个会场形成了明显的冷暖对比：一边是散发出强大气场、信心爆棚的张总，另一边是看上去冷静但又流露出迷茫甚至有些漠然的高管们。在张总连续两个小时的发言过程中，有一次似乎提到一位高管，感觉好像希望他发言。这位高管犹豫了一会儿，终于站了起来开始讲话，但还没说完一句话，就被张总打断了，这位高管坐下后就再也没发言。

会议最终在张总强调了公司面临绝佳的市场机会以及变革和转型的迫切原因之后结束了。结束前，张总吩咐几位高管接下来各自要做的事。高管们纷纷走出会场，各自去忙。显然大部分高管马上要进入已经安排的其他会议，或是去处理眼前各种棘手的业务问题，没有人顾得上继续讨论与未来的变革和转型相关的话题。

作者点评

从会场的布置、高管们的入座，到会议过程中的发言和交流状态来看，张总的领导风格很是鲜明——自信主导，一人说了算，而且管控得很细。张总和高管们之间的互动关系也基本就是思考者和工作者、命令者和执行者的关系。这个会议就是个"告知会"，单向地把张总的想法和决定通知大家，不容置疑。从到场的时间以及现场的状态来看，张总和高管们的积极性也非常不一样。随着科技的进步和"互联网原住民"大量登上工作的舞台，企业一把手的风格也需要发生更大的变化，从一言九鼎到开放民主是大趋势。所以，轻松的开会环境和氛围可以让大家放下紧张、紧绷的神经，更有利于拓宽思路，产生新想法、新点子。

会后，我们问张总对今天会议的感受。张总非常自信地说："我看到了巨大的市场机会，目前还没有人做这件事情，今天跟大家开这个会时机很好，他们会马上动起来的，你们觉得呢？"我们没有马上回答，而是请张总允许我们和当天与会高管们单独交流一下，不记名地询问他们对今天会议的感受。张总爽快地答应了。

作者点评

没有人发言或反对，并不代表听者理解或者认同。张总对市场机会有犀利准确的判断，但对人的观察和判断可能存在偏差，或者更多关注的是事而不是人。在不少企业中，这样的一把手比较有代表性，他们也面临着"自我修炼"的挑战。很多公司的一把手都是大家敬仰和崇拜的偶像，所以高层跟一把手的沟通或多或少都留有余地，一把手听到的真实的声音越来越少，这就需要一把手不断提升对人的关注。首先要学会深度倾听，读懂人心。这里面包含四个层次，一是听懂对方讲了什么内容，二是听懂对方的言外之意，三是听懂对方讲这段话背后的感受和情绪，四是最深层次的聆听——听懂沉默的内涵。

之后，我们对团队做了快速的匿名调研。以下是调研的核心结果（除张总和顾问团队外，与会高管人员共有18位）：

- 12位高管（占总人数67%）表示完全没有听懂张总讲话的重点，或者没有听懂大部分的讲话内容；6位（占总人数33%）表示听懂了的高管中，有3位表示不理解为什么公司要做这样的选择，另外3位听懂又认同的高管说自己之所以表示认同，主要原因就是相信老板，因为过去十几年老板做的决定基本都是对的，这次想必也不会错，所以老板让做什么，去做就是了。

- 11 位高管（占总人数 61%）肯定地表示，此次业务转型升级与自己的关系不大，做好自己的本职工作就行了，老板会指派其他人做新业务的。
- 15 位高管（占总人数 83%）表示，不明白自己在此次转型和升级中该做什么，但并不会主动去找老板沟通，会等着老板的新指示。
- 在调研中，针对张总提到的关键战略方向，我们请各位高管写一下自己的理解。结果，高管们的"理解"五花八门。
- ……

我们还询问了几位开会时频频点头的高管们："你们当时点头，是什么意思呢？"高管们无奈地说："总要给领导面子的嘛。"

当我们把这些隐去姓名的调研结果反馈给张总时，她非常吃惊，愣了几分钟之后说："我说得很清楚啊……"

过了一段时间，我们和其他员工（非高管团队的成员）沟通，询问他们：1）是否知道公司的新战略；2）在那次高管会议后，他们的上级领导有没有跟他们说些什么；3）现在每天的工作重点有何改变。绝大部分员工表示不知道公司的新战略，有的员工说领导回来提了几句，但没太仔细说，大家也没详细问，大家的工作重点并没有发生变化。

作者点评

在"老板一言九鼎"的组织中,这样的调研结果比较常见。如果组织面对重大的转型,成功率就让人堪忧了。看似企业中的每一个人都忙得没时间睡觉和吃饭,但是否真的忙在"点子"上,特别是高管的时间是否投入在了最重要的战略相关的事务上呢?

7.1.2 采访纪实——"原来要这样谈战略"

背景备注: 助力 A 集团的转型项目阶段性任务完成后,顾问团队和张总深谈,复盘整个过程。

顾问:恭喜张总,过去两年业绩很不错,股票大涨。

张总:是啊,也谢谢你们这几年来对我们的帮助。确实,这个过程不容易啊。

顾问:其实最不容易的是你和你们的高管团队。你觉得这个过程走下来,最让你欣慰的是什么?

张总:很多地方我都觉得不错,但最重要的,是我们的战略更清晰了,也可以说真正落地了,团队也更加一条心了。其实一开始我也很没把握。

顾问:是啊,张总你还记得我们一开始建议召开战略共识会的时候,你非常犹豫?

张总:没错,一开始我确实没理解你们到底想做什么。我年年讲战略，月月谈战略，他们跟了我那么多年，理解起来应该从来不是问题。结果你们做的那个问卷调查，让我很吃惊。没想到大家是这样的反应，我也想不明白，为什么他们就听不懂呢。

顾问：张总，其实这样的挑战每个一把手都经历过。我们访谈过很多企业的高管、班子成员，都抱怨战略不清晰。但我们问到一把手时，一把手经常说：我讲得很清楚啊，而且常常讲，每周都讲一遍，怎么还听不明白。

其实，高管们的困惑有很多，例如，他们或是觉得"老板讲得并不清楚，没听懂"；或是认为"选这条路根本不适合我们"；或是认为"我们的资源和能力都不够，新的投入很可能打水漂"；还有的可能感觉"老板想法太多，天天变""我们现在的业务还在上升期，至少还可以再发展几年，不急着做新业务""我不懂这个新业务，这事和我没关系"，等等。我们发现，造成这些现象的主要原因可能有几个：一把手和高管们的信息不对称；一把手通常有更强的主人翁精神和危机感，而其他高管的紧迫感没那么强；或者，一把手不擅于把自己脑子里的战略用清晰的逻辑、通俗易懂并且打动人的语言表达出来。

作者点评

张总很年轻的时候就开始创业，当了很长时间的"一把手"，没有经历过从基层到高层的这个过程，大家承担的职责不同，面临的压力和挑战不同，平时接触到的人和事，以及接触到的信息也有着巨大的差异，所以一把手和下属对同一事物的理解不同很正常。关键是一把手需要理解这些差异，认识到这个问题，通过理解其他高管的情感和状态来采用多种沟通方式达成目的。

张总：没错。当时你们的调研给了我很大的一个警醒，就是说，战略不能只是我一个人脑袋里的一个概念或是一个模糊抽象的想法。当时，我在直觉上认同你们的看法，战略需要共创，需要迭代，需要有一个过程让大家吵一吵。但当时确实有担心。过去我们的高管开会时都不太讲话，有时我要求他们讲，他们也会说"老板你定了就行了，我们会执行好的"。你们要求大家畅所欲言、群策群力，但我确实没有把握他们真会讲话，并且讲真话。但没想到，大家还真讲了，有的讲得还不错。还有一个担心是，讨论一下也许是好的，但也怕收不住，毕竟我和他们的信息不对称，大家七嘴八舌，跑偏了怎么办？不是浪费时间吗？但后来，你们确实把战略共识的流程设计把控得很好，我们在你们的引导下，走完整个流程后感觉通透多了。

顾问：我们的设计和把控是一方面，但你在过程中发挥的作用很关键！大部分时间里你在听大家的分享和观点，在关键的时候，特别是僵持不下的时候你站出来讲话，打破僵局，并把讨论引到了一个新的高度。这一点我们觉得很棒！

作者点评

从"一言九鼎"转变到"众人说",以张总的性格,能做到这样的转变,是个很不容易的突破。这个过程中,需要一把手开放好学的心态,需要工作人员的专业干预和善意提醒,也需要高管成员们的通力配合。

张总:是啊,卡住的地方还不止一次。我记得第一次我们搞战略共识会,刚开始讨论使命、愿景的时候,我们就卡壳了。

顾问:是的,一开始就有高管跳出来说,我们已经有使命、愿景、价值观了,为什么还要讨论一遍呢?再说,时间很紧,我们马上开始讨论战略问题吧,现在这个最重要了。

张总:对对。我当时也有点被他带偏了,也在想要不就往下走吧。但你们陈总很厉害,站出来用阿里巴巴的案例带领大家继续讨论。我印象很深,他当时介绍了阿里巴巴是如何重视使命、愿景和价值观的讨论和打造的,以及马云所说的"上三路"(注:使命、愿景、价值观)和"下三路"(注:组织、人才、KPI)与阿里巴巴的战略及成功之间的关系。

顾问:我们观察到,一开始高管们还是有些不以为然。这时候,你站起来说,既然顾问已经这样设计安排了,让我们先这样讨论下去,我们请顾问来的主要目的就是和外界连接,而不是用我们通常习惯的模式思考问题和解决问题。

张总:是的,但其实主要还是在帮你们。我当时内心也犯嘀咕，也有点纠结。时间这么紧，是否需要尽快聚焦在战略问题上？同时我也了解这些人，他们都很务实，不见得理解使命、愿景和价值观这些虚的东西到底对我们有什么用。

顾问：是的。我们看阿里巴巴的故事也不能马上打动大家，就变换了一种方法。我们问大家，各位是否想过，我们现在这么辛苦，每天都是"996"，到底为什么？要说赚钱，在座的各位应该也都身价不菲，肯定不是为钱。大家从年轻的时候就在一起，这么多年了，到底要做一件怎样的事情，做这件事情的价值和意义到底在哪里？我们了解到有几位领导未来两三年即将退休，退休后你们想留下什么？我们问了这个问题后，看得出来对大家有点触动。毕竟这些人每天这样辛苦地工作，有的已经在公司跟着你这么久，还是要想想到底为什么。

我们接着说，是的，你们确实已经有一个使命、愿景和价值观。但今天，我们不是重新再造一个新的出来，而是让大家感受一下，每个人与使命、愿景和价值观之间的连接。也就是问一下自己，问一下我的内心，与这些使命、愿景和价值观到底有什么关系？我为什么要相信它、实践它？公司发展了这么多年，当年的使命和愿景很多已经实现了，而且公司战略定位这两年也发生了一些变化，队伍也扩张得比较厉害，是否是个合适的时机来重新回顾和升级？当我们渐渐老去，退出公司这个舞台后，能否让一代一代的年轻人继续我们的使命，达成我们的愿景呢？

作者点评

　　研讨会的准备很重要，工作人员要提前多备几招。另外，也非常需要一把手（创始人）的影响力，因为讲到组织的初心，没人会比创始人更有发言权和感染力了。在研讨过程中对情感和感受的关注很重要，在大家开动脑筋的同时，要设计一些环节连接每一个人的内心。

张总：事后来看，这种重温很有必要。而且，最后也不只是重温，我们确实也修正了自己的使命、愿景和价值观。现在，大家都自觉地这么做，每次重要会议都会回顾一下我们的使命、愿景和价值观。讲着讲着，我们的情绪就高涨起来了。

顾问：是的，重温使命、愿景和价值观的一个重要目的，就是将大家激励起来，当然这也是我们讨论战略问题的一个出发点。什么是战略？战略不就是实现使命和愿景的路径吗？所以，未来每年至少要对使命、愿景和价值观做一次大的回顾，平时进行若干次小的重温，这是很有必要的。

张总：我觉得也是这样的。说老实话，经历了这个过程，我对使命、愿景、价值观、战略之间的关系有了更深的理解。战略不就是做选择吗？而使命、愿景和价值观，就是帮我们做选择的依据和出发点。

　　另外我觉得你们选择的战略讨论框架也特别好，与使命、愿景、价值观的讨论直接相连，而且非常简单、容易理解。

顾问：张总，你理解得非常透彻！

我们推荐的战略讨论的框架是由著名学者罗杰·马丁提出来的。这一框架提出了五大问题:

◇ 什么是我们的理想和目标?
◇ 我们在哪里竞争?
◇ 我们如何赢?
◇ 我们需要建设怎样的能力?
◇ 我们需要怎样的管理流程和体系?

这一战略讨论的框架非常简单,容易理解。你看,这第一个问题就与使命、愿景和价值观相连接。

张总:我觉得这一模型不仅简单、容易理解,而且大家很容易就能上手应用,他们很喜欢围绕这五大问题进行讨论。

顾问:是啊,我们看到大家讨论起来那么投入,还是非常享受的。但这五大问题只是看起来简单,其实一点都不简单。比如讨论到"在哪里竞争"这个问题时,我们大家就吵了很长时间。讲到"如何赢"的时候,思路就更是五花八门了!

张总:哈哈,他们在吵的时候,你知道我心里是怎么想的吗?我其实美滋滋的。他们终于开始动脑子了,终于开始围绕公司的战略问题打架了!

作者点评

"众人拾柴火焰高",再厉害的一把手,也未必真的喜欢"孤独的思考"或"一言堂"。不管是为了通过集思广益产出高质量的思考成果、还是为了让高管们的"脑子动起来",一把手都需要想办法调动大家来加入"众人说",让更多的人拥有主人翁精神,实现战略的"众人行"。

顾问:幸亏当时我们有预案,邀请了行业大咖和投资人一起参与这个论证和辩论的过程,所以当他们从另外一个视角介绍未来趋势和可行性的时候,大家对未来的思考就更聚焦了,也减少了无意义的争论,而是在一定的事实和数据的基础上分析和判断。

张总:是的。之前我是有这个敏感度的,经常和外面的人交流,获取有价值的信息,我自己在这方面的思考也很多。所以,我以前就认为战略的制定是我的责任,他们负责执行就行了。这两年的体会是战略不仅仅是我一个人的责任,核心团队中的每一个人都有责任、有义务思考战略,而且应当具备思考战略、制定战略的能力。否则,就变成我一个人唱独角戏,或更通俗地讲我一个人拉车,拉不动了。

作者点评

组织要转型升级,一把手更需要转型升级。对于商业模式、市场机会等的把控是创业家的优势,但对于团队价值的认知是普遍需要升级的。当然认知升级后,还需要配套一系列制度和管理风格的改变。从结果上来看,区别就在于企业是一个人在操心,还是很多人一起操心。

张总:我非常欣赏你们陈总讲的那句话:"战略内容重

要，战略思考和讨论的过程更重要。"这个战略共识研讨会，就是推动大家一起去进行战略的思考和讨论，逼着我们这群高管狠狠地动脑子，说出来，吵起来，最后形成共识。做到了这样的程度，后面才能撒开手让他们去发挥。而且通过这个过程，他们都在操心，都有了比我还强的劲头，我现在变成被他们推着跑了。

顾问：当然，这么复杂的过程也需要和决策速度平衡，不能一概而论。

张总：其实想想也是，现在这年头，计划赶不上变化。有多少个三年或五年战略规划到最后还真正用得上？但围绕着战略问题经常讨论，不断迭代，可能最为靠谱。

顾问：对，我们把这种做法称为敏捷战略！敏捷战略需要我们随时随地审时度势，时刻准备重新排兵布阵。这对于一把手和高层团队提出了更高的要求，也需要组织变得更加灵动和敏捷。在日益动荡、高度不确定、极其复杂、相当模糊的所谓VUCA时代，这也许是最好的办法。

7.2 案例赏析之二：战略解码

7.2.1 场景回放——"达成共识了怎么没行动？"

企业背景：同上一案例，依然是 A 集团

对话人物：同上一案例，依然是张总

相关信息：

在顾问团队的帮助下，A 集团完成了公司有史以来的首次

战略共识研讨会。在会后的单独沟通中,张总表示战略共识研讨会达到了预期效果。她认为战略方面的重要话题,这次大家都充分参与和讨论了。尽管个别高管在个别话题上还有纠结或没有理解到位,但那些大的战略问题明晰了很多(至少和刚开始时相比,高管们现在都清楚知道了战略的选择及背后的考虑是什么)。所以,战略的事就这么定了,稍留一些局部不认同也可以接受,不能等着每个人发自内心地认同了才做事。顾问团队表示赞同,并建议后续要好好规划战略的实施动作。张总表示对 A 集团上上下下的高执行力很有信心,只要战略已讨论并达成共识,执行起来应该没大问题。

场景回放:

没多久,张总找我们顾问分享了新的困惑,原来是战略共识研讨会后不久的第一次季度会议,让她意识到事情并没有那么简单。那次季度会议的现场情况大体是这样的:

季度会议是公司高管团队的定期会议，常规议题就是每个业务板块的负责人轮流汇报上一季度的业务情况和经营数据，并介绍下一季度的工作重点。经历了之前的战略共识研讨会，这个高管团队开起会来氛围有些不同了，大家比以前更开诚布公和坦诚直接了，也开始对其他板块的业务提意见和发表观点了，这些变化张总还是明显感觉得到的。

作者点评

在组织转型变革的情况下，如果延续"常规的会议、常规的开法"肯定是不够的。战略实施/落地的过程中，需要在高管的季度会上留出专门的时间，紧密跟进、充分讨论战略性工作的执行进展。甚至应该另设专门的战略落地的跟进机制。但这个机制依据什么来运转呢？所以，A集团的问题不仅出在跟进机制上，更出在战略共识研讨之后缺失了"战略解码"的重要环节——要把战略进行分解和具体化，要落实为相对近期的时间表、资源分配、责任分工，等等。如果缺失了这个必选动作，大家对公司新的战略重点必然停留在"知道这个概念"的层面，既不会有行动，也没有依据来行动。

当然，对于这次战略共识研讨会后的第一次季度会议，张总抱着更高的期望，她期待每位高管都在已经达成共识的几个新方向上开始了行动、有了进展，这部分是她最关注的。所以，常规议题的流程走过之后，张总就急切地问起几个新战略方向的推动情况。

但刚才还挺热闹的会场立即变得鸦雀无声,大家彼此交换眼神,或者低下头去做记录状,而没人主动说话。张总快速问了一圈,发现大多数人还是在按照习惯做事情,只顾各自分管的业务或部门的工作,基本没花什么时间解决新战略的一些关键问题。

张总忍不住说:"为什么没有行动?我们不是有了战略共识了吗?是我说得还不够清楚吗?当时开会你们不也都同意了吗?"尽管心里很恼火,但张总还是努力调整了一下情绪,尽量用平静的语气继续说道:"我想这肯定也是有原因的,这样吧,还是请大家先说说真实的感受和顾虑。和战略共识研讨会时一样,我们都开放心态,畅所欲言,然后大家再一起想办法。"

高管们表达的观点和感受主要有以下这些:

◇ 上次的共识会很好,但还是有些抽象,不太能明白这个大方向和我自己的工作有什么明确的关联。
◇ 我们在三个大的战略方向上达成了共识,但那些事太大了,也非常有挑战性,不知从何做起。
◇ 我们都是执行惯了的,最好明确告诉我让我干什么,我去做就是了。
◇ 我已经试着采取了一些行动,但前进得很艰难,不知道是不是因为没有抓准战略要点,不大对路。
◇ 我不清楚自己具体要做什么,比如短期内或最近三个月应该做什么，要做成什么样才算可以。

◇ 这事到底应该由谁来负总责？没有明确责任和分工，我也不知怎么和别人配合；具体有哪些人、哪些资源可以调用，好像也不清楚，我也不能擅自行动吧。

◇ 其实我也采取了一些行动，但局限在自己可控的范围里，要找其他部门协调资源还是很难的，大家自己的日常工作都忙不过来。

◇ 探索新业务，责任重大，风险也不小。恕我直言，干好了皆大欢喜，干砸了公司会怎么计算我的绩效？会不会"秋后算账"呢？

◇ ……

作者点评

我们发现很多组织都有这个现象，公司一把手把工作重点布置完，就认为自然会有人来承接，时间到了，工作自然就能完成。其实这种假设大多数时候不现实，没有明确的负责人、没有任务的分工和协作、没有分解的时间节点……重要的事情都无法落地。在本案例中，张总前期带领大家进行了战略共识的讨论，但并没有与大家进一步交流这些重点工作该由谁、什么时间、做什么动作，以及最终达成什么样的预期效果。因此如上文所述，产生"面面相觑"的现象，就毫不奇怪了。

7.2.2 采访纪实——"必赢之仗,解码到人"

背景备注:助力 A 集团转型项目的阶段性任务完成后,顾问团队和张总一起深谈,复盘回顾了整个过程。(接上一段访谈纪实)

张总:我的感受是,在当前的商业环境和挑战下,要保持战略的敏捷和灵动是必需的,但有些阵地战还是要打的!而且,不光要让大家在大方向上达成共识,还要把大方向落实为具体的行动计划上,比如一起讨论出这些阵地战实现的思路和具体的操作路径。否则就会像我们战略共识会后的第一次季度会议那样,大家依然忙日常工作,没人落实新战略。这就是我为什么喜欢"必赢之仗"这样的说法的原因。说实话,我这一路走来,之所以现在发展得还不错,就是因为在需要的时候,成功地打赢了几场"必赢之仗"!

作者点评

张总的理解很对,压力和动力需要用体系化的方式,分配到具体人的头上。否则,大家一方面并不一定明确这事与自己的关系,另一方面,多数人都偏好躲在自己的舒适区里。毕竟"打仗"这事,难度大风险高,不能完全靠个人自觉。

顾问:什么是对的时机?什么是对的"必赢之仗"?这个判断不好做!我记得你的这些高管,一共抛出了30多场"必赢之仗",这还是在做了初步的"合并同类项"之后。如果一家公司真有 30 多场"必赢之仗",那仗也不用打了,直接缴枪吧!

张总:很多高管都从自己分管的领域出发,都希望自己现在做的事情,成为公司"必赢之仗"。这样,他们的资源就有了,不需要争了。但他们并没有从整个公司的使命、愿景和战略意图出发来思考问题。

作者点评

"必赢之仗"需要满足的条件有:关乎全局、难度大、需要高层团队牵头领导、与长期目标有强关联、只许成功不能失败的重大事情等。"必赢之仗"是公司多年难啃的硬骨头问题,是市场上稍纵即逝的机会,是建立核心竞争力和占领制高点的成功要素等。

顾问:但你那天在现场,并没有对他们发火,反而很有风度地说,理解他们希望抢资源、立战功的愿望。但现在需要摘下分管领导这顶帽子,戴上集团领导这顶帽子,重新思考一下什么才是未来我们共同的"必赢之仗"。这番话还是起到了很大的作用。很快,"必赢之仗"从 30 多场变成了 10 场。说实话,我们感觉还是太多了。"力出一孔,利出一孔",只有集全公司之力,打下几场必须打赢的仗,才有可能获得更大的利益。

张总：我当时却真不觉得多。我内心觉得，我们想做的事情就是多，没办法！不多搞几个，我们自己都过不去啊！再说，我们这是第一次这样搞，多几个也没关系；而且，大家都争先恐后，希望把自己的重点项目变成公司级的"必赢之仗"，这也没错啊，要让更多的人动起来，承担起责任来！然而最终，你们还是说服了我们，要抓关键、抓重点，所以我们又做了减法，从10场减少到6场。现在看来，有两场"必赢之仗"没有获得全胜，这和我们资源跟不上有很大的关系。

顾问：其实这是很多创业企业的共同特点。我们就是想多做事，想多抓几个机会。初心是好的，但容易忽略时间、精力、资源的局限。这样虽然成就了一些事情，但也对组织造成了很大的压力和挑战。

张总：这样做的一个重要原因，是我们也不知道哪口井挖下去会冒油，只能多挖几口。

顾问：确实，说明还是缺乏对未来的预判，有点机会主义。在四面开花、全线出击，在抓机会的过程中实现目标有它的好处；但在好好把握机会，把机会打深打透方面，就显得力不从心了。因此要艺术性地找到平衡点。

张总：是啊，这种平衡感就是一种艺术，需要长时间的磨炼。这跟你们讲的聚焦战略是一个意思（聚焦战略就是缩小力量的作用点，从而提高力量在此作用点上的成功概率），也是做企业一把手最难的地方了。

顾问：同时，也需要勇气和魄力，有时"舍"比"取"

更难。就像乔布斯回归之后，大砍产品线，高度聚焦到四个领域（专业级台式计算机，他们开发出了 Power Macintosh G3；专业级便携式计算机，开发出了 PowerBook G3；消费级台式计算机，后来发展成了 iMac；消费级便携式计算机，就是后来的 iBook）。而其他竞争者没有一家有勇气这样做，他们都是全线压上，打"群狼战术"，怕的也是押错了宝造成全军覆没。

张总：但最后乔布斯成功了，靠几款单品获得全胜，利润也惊人的高，因为没有浪费资源。但所谓成王败寇，他赢了人家说他厉害，他万一输了呢？

顾问：所以有人说，战略都是总结出来的，不是制定出来的。

张总：或者说，战略都是事后加工和升华出来的。

但话说回来，虽然战略不全是制定出来的，但不等于不思考、不设计，你们顾问引导我们进行共同的战略思考和争论还是非常有价值的。我们自己也可以想出未来的"必赢之仗"，但光停留在这个层面还不行，直截了当地马上切入到行动计划也不行。你们战略解码的套路推进了我们的思考和辩论。说实话，这是我第一次感受到做事情和讨论问题还是需要一些套路的。

顾问：是啊，套路其实就是方法论。每种方法论都有它的内在逻辑，这套逻辑其实就是一套思想、一种哲学。你应该还记得，在确定了你们的六场"必赢之仗"后，我们一起深入地"解码"了这六场仗。

张总：你们的"战略解码"这几个字用得好。好像是在让我们一起破译密码、解读密码。最终的目的就是真正理解战略出发点。

顾问：我们就是要让大家真正对战略意图有深刻理解。用我们的套路来说，如果你不把这些"必赢之仗"颠过来、倒过去地思考清楚、辩论清楚、拆解清楚，你就很难真正宣贯下去、执行下去、实施下去。

张总：所以你们非要让我们想每场仗到底是什么、不是什么、为什么，以及怎么跟一个普通员工讲清楚……我一开始觉得有点机械、有点麻烦，但后来发现，这才是深度的"推敲"，这样设计还是非常有道理的。

顾问：是的，看起来有点机械，但的确有它的内在逻辑。记得当时我们还举了好几个例子。其中有一个例子，"加快打赢脱贫攻坚战"当然是一场国家级的"必赢之仗"，但它到底是什么意思，怎么理解，特别是怎么让基层民众比如农民兄弟们理解，以及需要做什么才能成功实施等，这就需要"战略解码"的过程。

张总：你们这个例子举得好，深入浅出，大家一下子就明白怎样做战略解码了！

顾问：是啊，我们用这个例子，让大家体验一下如何集思广益，群策群力，共同"解码"这场"必赢之仗"！我们不断地用问题来引导这个讨论：

"加快打赢脱贫攻坚战"到底是什么，不是什么，怎么才能对基层干部和群众讲明白？

当时大家七嘴八舌，讨论得非常热烈，也讲得很好：说这是新时代中华民族振兴的必经之路；是真正缩小贫富差距、城乡差距的重要里程碑；是加强富裕地区和贫困地区经济互补和融合的关键举措；是充分发挥发展不平衡所带来的潜力的重要机会等。

同时，也有人说：这不是走过场的面子工程、政绩工程；不是一味投钱进去而没有实质性经济效益的"假大空"项目；不是只关注人均收入的提高而忽视综合能力提升的举措；不是中央积极、地方消极被动的"一头热工程"等。

张总：是啊，我也注意到这里有个小高潮。大家积极参与讨论，还挺热烈的。到底是讲人家的事情，张口就来！后来你们又让大家讨论"成功时的样子"。我觉得这个讨论是点睛之笔。我们平时比较习惯马上就开始讨论绩效目标和行动计划，目标和行动好像比较实，"成功时的样子"好像比较虚。

顾问：就是要他们虚实结合地思考问题！讨论"成功时的样子"是重要的一环，需要大家有相当的想象力，一起憧憬未来，一起共创未来。这也锻炼了高级领导人登高望远的能力。

顾问：当时大家对"成功时的样子"也描绘得很好！大家说，脱贫意味着村村通电、家家有水、个个脱贫、人人上学、自力更生、一乡一品、有保有医、无忧无虑等，好像还挺押韵呢！

作者点评

对首次进行战略解码的企业，需要有经验的引导者，通过举例子、打比方，甚至通过类似上文所讲的体验式练习，让大家对"战略解码"有感性的认识。在展开对公司的战略解码前，这些导入方法很有实践意义。

张总：对，当时好像大家越讲越开心，我记得我们还谈了衡量指标，也就是怎样才算成功。另外还讨论了有利因素和不利因素。

顾问：这就是所谓"战略解码"有意思的地方。我们先不让大家太快地敲定目标和行动计划，而是先从务虚开始，想想这场"必赢之仗"的意义是什么、成功时的样子是什么、如何知道做成了、阻碍因素有哪些、有利因素有哪些等。在这个基础上，再来讲目标和指标，以及行动计划。

顾问：当然行动计划我们需要定得非常细致：关键行动、主要动作、负责人、里程碑、所需资源、支持配合者等，一个都不能少。还有，我们需要确定每场仗的领军人物，通常是"主帅"和"副帅"（尤其是"主帅"）。这个不确定下来，其他都是忽悠。

张总：有些仗谁做"主帅""副帅"一目了然，非常清楚，有些就可能犹豫不决。

顾问：这也很正常。几乎每家公司都这样。我们的一个客户是这样形容的：书到用时方恨少，事到临头无大将。有时是一把手觉得无将可用，而有时是内部如何摆平的问题。一把手有时也会考虑责任和权利的分散和平衡，在这些方面一把手处心积虑，很不容易。

张总：我那时就没想这么多，现场就指令谁谁谁做什么，简单干脆高效！

顾问：是啊，你当时马上就拍板了，你觉得当时有高管会不高兴吗？

张总：肯定啊！但还好，他们都习惯了。重要时刻、重大事件上，我们没有商量，都是我拍板的。有不高兴的，就自己消化去吧！

作者点评

有些管理流派非常强调一个承担组织盈亏责任的一把手的重要性。类似的，在"必赢之仗"中，"主帅"就是一把手，重要性也非常之高。如果"主帅"安排不到位、不合适，这场仗打赢的可能性就几乎没有。但在现实中我们发现，前面花了很多时间讨论清楚了"必赢之仗"和行动计划，但到"主帅"安排时草草通过，谁负责的工作和这场仗相关性高就安排谁做"主帅"，这种安排会带来很多弊端。所以，我们建议在这个环节增加主动请缨、现场演讲等环节，而且强烈建议大胆起用新人，让更多的年轻人有历练和轮岗的机会，他们天生的冲劲和创新思维，也更利于打胜仗。

张总：说到行动计划，那可真是不容易，当时有件事我印象很深。那是在几场"必赢之仗"已讨论出来，"主帅"也已任命，要分组讨论行动计划的时候。当时已是半夜，大家都已人困马乏，所以一开始的行动计划就简单讨论草草汇报了。汇报的时候明显感觉应付的成分比较多，其实没有真正谋划这场仗到底要怎么打、采取什么行动、动用什么资源才能打赢。等大家都汇报完，以为这一天终于可以结束的时候，你们顾问就站出来了，说这场仗要是这么打就没戏了，根本不可能打赢……其实当时我也已经很累了，虽然对结果不满意，但心里也在纠结是否要那么直截了当地讲出来，这么泼凉水。这下好了，你们顾问先提出来了，那我就借力打力，提出了让大家拿回去重做，第二天早上9点再交一稿汇报。

顾问：是啊，我也印象深刻，当时我们心里也没底，怕大家闹起来。好在你关键时刻出场，你当时的讲话也很有力量，我清楚地记得你当时的那几句话是："我们今天的辛苦和这么多人的智慧，不能像以前一样变成了纸上谈兵，以前做不到的事情我们今天做到了，我们就已经赢了。人最重要的是战胜自己，赢了自己就赢了天下。如果行动计划都做不好，实战中就不可能打胜仗，我们今天拼一下，明天才能迈出一大步……"

张总：是啊，结果大家都熬了通宵，很多人后来跟我说，很少熬夜熬得那么精神，把大家的极限潜力逼出来了。所以第二天上午的汇报效果也特别好。

作者点评

最关键、最艰难的时刻，一把手的决心、狠劲，以及能否坚定表态是很重要的。有经验的工作人员要和一把手充分配合。事先要给一把手充分铺垫，对一把手提期望值，也需在研讨会的过程中敏锐观察现场状态，需要的时候快速和一把手"碰一下思路和想法"，商议如何强有力地往下"推"。

7.3 案例赏析之三：战略实施

7.3.1 场景回放——"光靠情怀能走多远？"

企业背景：D集团，若干年前从国有企业改制为股份制企业。

对话人物：林总，新任董事长（前董事长退休）。林总其实并非之前的总裁，而是主管业务的副总裁，他非常了解所在行业的环境，也熟悉自身企业的业务经营状况。他相对年轻，有想法，在整个经营班子中是最有冲劲的。尤其在新上任之后，林总很想带领企业改变面貌、走出困境。

相关信息：

D集团的业务在2013年年末走到了历史新低。这里有整个市场趋势、经济环境等诸多因素的影响，但最重要的原因还是没有找到新的业务增长的引擎。再加上公司是从一家国有企业改制为股份制企业的，很多老员工无论在年龄、知识结构、视野和事业志向等方面都已经有些力不从心。随着 2014 年的到来，老董事长也已经到了即将退休的年龄，所以重担就压在了新任董事长林总身上。当时，D 集团面临的最大挑战是：由于国家对环保的要求越来越高，整个行业都在走下坡路，而且班子里的领导们大都接近退休年龄，大家突破、转型、升级的意愿都不是很强。

所以在 2014 年年中，林总上任后马上邀请咨询公司一同启动了新一轮的战略规划，组织人马研究和讨论公司未来的发展方向、可能的新业务以及新的业务模式，并在 2014 年年底分别召开了集团、子集团、三级公司的战略共识和战略解码会议，明确了 2015 年集团、子集团、三级公司三个层面的若干场"必赢之仗"。

场景回放：

2015年的第一次集团"必赢之仗"复盘会上,在过完了几场仗的进度、讨论了应对策略和下一步思路后,林总表示基本满意,也感谢了大家的努力。

晚上大家一起吃工作餐。助理把外卖送来的晚饭放在了会议室隔壁的休息室里,大家围坐在餐桌边,气氛也更为放松了。林总想和大家随意聊聊,于是问起了大伙儿这阶段时间以来的感受。

作者点评

管理讲究软硬兼施,松弛有度。需要有一些放松的场合,让大家在放松的状态下讲出心里话、说出真实的感受。就算一不小心开成"吐槽会",也是有益的,既能暴露一些真实问题(把问题说出来,才有解决的机会),也能让大家有机会松弛神经、缓解压力。

大家纷纷半开玩笑地"吐槽",说这些年就没干过这么有挑战性的事,这次真是突破自我、挑战极限了。大家推选那位"必赢之仗"进展最顺的"主帅"来分享了些经验。席间还有人揶揄同事:"兄弟你这部门不多帮我一把,我这场仗就要黄了,你忍心看我出师未捷身先死么?"大家哄然大笑。

但没想到后面还有一场热烈的争论。有位高管吃到一半,放下手里的筷子,看了看林总的脸色,还是支支吾吾地提出了一个顾虑:"虽然'必赢之仗'的行动计划、成功时的样子都描述得非常清楚，但我还是有些担心，并不是所有人都能自觉、都能以战略为导向去做事的，最终会不会做好做坏一个样？我觉得还是得体系化地解决问题，用机制来督促和激发大家。"现场，另两位高管立马表示赞同。

但餐桌上也马上有了不同的声音："我们在战略共识研讨会的时候也已就使命和愿景达成共识了。尤其作为高管，我们更多地应该用价值观、用共同的梦想来引导，而不是总依赖体系和工具来教条性地约束大家。"

"光靠梦想和情怀，那不忽悠人嘛……"

"那又得加一堆战略考核指标，我们的日常业务指标能降一点儿吗？公司能再多给点儿资源和支持吗？"

"是啊，领导，我们需要你更多的辅导和赋能啊。"

很多眼光都投向林总这边……

晚餐的争论没能得出结论，林总感觉这是件重要的事，答应大家会尽快提上议程。之后，林总又带着"必赢之仗" PMO（项目管理办公室）去了解大家的观察和看法（包括"主帅"本人、没挂"主帅"的其他高管、几场仗的团队骨干、PMO 关键工作小组人员等），也征询了顾问公司的建议。

后来，林总决定请外部顾问帮忙，召集小型专题会议，采用了相关的战略绩效管理方法，把"必赢之仗"的关键结果指标反映到关键人员的 KPI 中，以及时和适度地进行激励。同时，也快速调动内外部资源（如董事会成员/业内专家）为"主帅"们提供定期的辅导，林总自己也亲自认领了两三个辅导对象，在这一年的"打硬仗"的过程中,为大家提供有力的支撑。

作者点评

林总的人际敏锐度很不错。能发现问题,重视大家的诉求,马上进一步调研,征求外部建议,很快着手调动资源、找解决办法……这些都做得很棒。人际敏锐度对于组织变革来讲非常关键,因为每一次组织变革都会带来人员的调整和利益的重新分配,这个过程不能大刀阔斧,也不能一刀切,所以根据变革进展中随时出现的大家的思想问题,及时调整进度和增加沟通是非常有必要的。

7.3.2 采访纪实——"变革进入深水区"

背景备注:2018年,D集团已和我们顾问公司合作了三年多。我们去林总的办公室见他,能感受到林总的些许变化:和当年与我们第一次见面时眉头紧锁、高度紧张的状态相比,他判若两人。谈话也在轻松而愉快的氛围中展开。

顾问:林总你好,又见面了,看到你很开心,看到集团业务有很大的起色,我们真为你高兴。

林总:你们好,你们好。是啊,现在我可以确信地说,我们走出了业务低谷。三年里并购了两家国内企业、一家国际公司;2014年年底的战略共识会上明确的传统业务、发展业务和萌芽业务的组合也已经成熟起来;当年的萌芽业务已经成立了单独的事业部,在集团发挥着举足轻重的影响力;当年的发展业务也已进化为今天的传统业务,而且正在经历新一轮的迭代升级。能做到这些,这几年确实很不容易,我们投入了很大心血,也谢谢你们的大力付出啊。

顾问:哪里话,应该的。我们的价值观就是为客户的成功而战,所以看到你们成功才是我们最有成就感的时候。我们今天过来,是想跟你聊聊战略落地的话题,向你学艺。我们过去也有很多客户实施过相似的战略规划项目,但说实话,有时候落地的效果并不尽如人意。作为顾问,我们也希望不断总结归纳经历过的很多案例的成败得失,因此也很想通过你这边了解更为一手的信息,我们尤其想知道在我们彼此的合作之外,你还推动了哪些事情,做了哪些努力,有没有什么"诀窍"?在不涉及商业机密的情况下可不可以尽量多分享一些,这样,我们未来可以去帮助更多企业实现战略落地。

林总:那这次你们要给我付咨询费了啊,开个玩笑……

顾问:没问题,我们邀请你做我们顾问的顾问、做我们的外援!

林总:话说回来,其实第一年的时候我也没有经验,你们给我出的招,我就只有先全盘吸收、全盘采用。比如,战略解码的决议要落地,就必须从人、事、制度、系统等多个维度推动,而不能坐等出现好的结果。好在第一年有你们的帮助,将一些需要落地的关键内容层层向下赋能。第二年我们的原则只有一个:就是坚持坚持再坚持,就是把第一年做过的事情认认真真地再做一遍，有些特别好的做法就固定下来，并做一些微调。去年我们才敢在前两年学习应用的基础上迭代一些东西，想更体现我们的特色。我想这是最主要的原因吧，任何新事物一开始没完全搞懂是正常的，哪怕知其然而不知其所以然，也要先去认真做好它，不要一开头就抱怨这也不好那也不好，然后就自以为是地做调整了，也把东西做走样了，这样是不可能做成一件事情的。

作者点评

第一年找外援、初体验，第二年坚持复制不走样，第三年深化优化做出特色。这"三重奏"，是值得推荐的法门。本质上是突破自我舒适区，用不熟悉、不习惯的方式做事情，解决问题。

顾问：是啊，你总结得太好了。现在回想起来，你认为在落地方面主要做对了哪几件事？

林总：我的理解，其实落地在战略解码研讨会的最后一天就要开始做了。那天，要把"必赢之仗"、行动计划和大家的绩效合约挂钩，确定每个人都要领受任务。我记得当时你们在台上说"如果你发现自己的工作和公司的'必赢之仗'之间没关系，那么就说明你的工作不是战略性工作，你的岗位就要比其他同级岗位价值更低"，这个观点还是挺警醒人、挺鞭策人的。每个领导上台讲的时候，更要先讲自己未来一年的工作如何支撑每一场"必赢之仗",具体的工作是什么。

现场我们有一位领导没上台,因为她没找到自己的工作和"必赢之仗"之间的关系,她在台下都哭了,说做了这么多年的领导,忽然发现自己和公司最重要的事情之间没有联系,说明自己做的事情不重要,都是日常琐事……这个环节不仅让大家看到了战略和自己的关系,还让大家认识到了自己的岗位的价值。之前公司做岗位价值评估的时候曾经有很多干部来找我,抱怨说自己的岗位价值被低估了。而自打这件事情后,就再也没有领导找我说这个了,"岗位在战略中的地位,体现了岗位的价值"这个理念,大家也理解和接受了。

顾问:哈哈哈,一箭双雕。你说得太好了。我发现我们很多客户一开始都在讨论 SWOT 分析、外部机会、"必赢之仗"等方面花了太多时间,而落地方面花的时间太少,所以有些虎头蛇尾,落地上力不从心,最终导致好的战略也没能实施。

林总:对,我记得你们当时讲到,战略执行和落地是公司高层面临的头号挑战,有效执行战略的公司好像还不到 10%,我们现在可以骄傲地说我们就是那 10% 里面的,哈哈哈哈。

顾问:林总,看来解码会议给你留下的印象很深啊。

林总:当然,还有个难忘的环节。在全集团绩效合约签署大会上,我们一位领导代表的发言我至今都记得。他说:"很多人都觉得绩效合约一签,就像军令状一样,身上绑了好多颗雷,压得自己喘不过气。但是我觉得,在今天的时代,你能作为乙方签署一份绩效合约,是说明甲方信任你,觉得你能胜任，愿意给你机会，所以虽然有压力，但更多的是动力，为了这份信任和机会，我愿意扛下这些雷，让它们每一颗都爆炸，当然不是炸死我自己，是为未来炸开一条路，让后人有更多更宽的路可以选择。"当时全场掌声雷动啊。

顾问：嗯嗯，我们在现场也感受到大家的斗志了，真的是被高度激发了。

林总：所以，我总结下来：好的战略落地最重要的是计划要想得尽可能细，就像打仗前的沙盘推演，要一步步仔细推演，多方质询和集思广益是很重要的；还有就是一定要和日常工作挂钩，如果日常工作和战略脱节，通常战略是无法落地的；当然最重要的是战略重点的落地要找对承接的人，特别是有战斗力的、有斗志的、有想法的、积极敢拼的年轻人。然后再给予机制、系统等方面的支持才能真正落地并执行。你们帮忙组织了专题会议，我们讨论出来的"战略绩效管理办法"就用上了，把"必赢之仗"的关键结果指标纳入关键人员的 KPI 里。尤其对那些进展良好、有突出成果、有创新突破的，我们大力嘉奖，同时在组织内大举造势宣传，士气就会很高昂。而且你们知道，我们后来还让 IT 人员专门设计、上线了战略管理仪表盘系统，帮助我们实时监控和把握战略落地的进展和结果、分析不同数据之间的关联等，这些都是战略落地的必要条件。

顾问：看来你掌握了很多管理工具和方法的精髓和奥义啊。其他方面还有什么诀窍吗？

林总：那就是人和团队的方面了。这太重要了。其实人既是强大的，又是脆弱的。强大，是指哪怕已经很资深的业内人士，都还有很大的潜力可挖，把人激发了，能量几乎是无限的。脆弱，是指大家都在探索新的未知领域，特别需要组织的关注和支持。我很大一部分时间都用在和人的谈话上，用你们的词汇，就是去持续地绩效辅导，这两年明显觉得自己多说了很多话，当然了，你们提醒过辅导要多倾听，不能光自己讲，这样做的好处我现在也越来越有体会了。我还拉来一些董事会的人、行业里的专家，扮演辅导教练的角色，我们的"主帅"们可就感觉好多了，有问题可以请教和商量，没问题还可以倒倒苦水，抒发一下情绪。

顾问：是啊，又是一举两得啊。

林总：还有，我不知道这一点算不算。我总觉得让大家多看看外面的世界，多开阔视野，多畅想，多交流，这些挺重要的。从 2015 年年中到 2016 年年中，我们连续两年都召开了战略务虚会，邀请外部专家、投资人、主要客户等分享行业和产业发展趋势，其实这些也为 2015 年年底和 2016 年年底的战略解码会议提供了很重要的输入。

作者点评

林总的这几段话，高度总结了从战略思考到落地这个循环中的关键。共商、共识、共担、共行，过程虽然艰辛，但收获共同成长的结果还是值得欣慰的。只有企业中的每一个人成长了，企业才可能有更大的成长。从战略思考到战略落地过程本身蕴含了很多一箭双雕的事情。

顾问：林总，换个角度问的话，这几年中，有没有哪几场战役的成果你不大满意呢？

林总：总体我还是满意的。远的就不说了，去年有两场战役其实不能说打得很好，在一定程度上，我觉得问题出在我们王总身上。

顾问：怎么说呢？

林总：王总承担了三场"必赢之仗"的"主帅"责任，他聪明、年轻、火力壮。所以当时我考虑，就是给他压担子！结果，他领导的三场战役，一场可以说是全胜，而且大大超出我们的期望；一场我们姑且把它说成是惨胜，这还是我们对外说的，但我心中有数，其实花了很大的代价，但并没有真正做成。而第三场战役，就只能说是惨败了。

顾问：那具体原因是什么？

林总：深层的原因还在总结，我也是逐渐意识到的，一开始并没有看得很清楚。总体上来说，我比较相信王总，他一路走来，胜多败少，或者说基本没有什么重大失误。所以我也比较放心。

果然，第一场战役，他打得很漂亮，应该说获得了全胜！仔细分析一下，这是因为他熟悉业务，负责这场战役的团队也很强，也都是他一手带起来的，非常好胜而且团结。而另外的两场战役，结果没有那么好，是因为跨出了他的舒适区了。

顾问：具体你指什么？

林总：他负责的第二场战役，属于新业务、新领域，他对业务并不熟悉，需要摸索。而且团队都是新建的，实力不好说，跟他的磨合也不够。而第三场战役，最重要的是协调资源，需要与各个业务领域有大量的协调，要推着他的同僚往前走。而这好像击中了他的软肋了。王总自己能力很强，原来做的都是"一方诸侯"做的事情，自己可以说了算。但第三场战役，需要与很多"大佬"通力合作，这个过程很纠结。

作者点评

> 虽然初衷是压担子，但一人领导三场战役，而且三场战役特性不同、需要很不一样的能力特点……对一个人而言，担子有些过重了，一则可能对人拔苗助长了，二来也可能把公司的几个鸡蛋放在了一个篮子里，风险较大。所以，在考虑"主帅"的时候需要给年轻人压担子，激发潜力，同时也需要量力而行。

顾问：你们不是有定期的跟进机制、有PMO（项目管理办公室）吗？这些问题没有及时发现并且加以干预吗？你本人有去干预、去辅导王总吗？

林总：说实话，一方面我自己对客观局面的判断有点过于乐观了，另一方面也是因为一直比较信任王总的能力，我对他放手惯了。而且，总觉得反正有定期跟进的机制，也有PMO，还有仪表盘,所以当我发现和干预时已经有些晚了。大家协调和协作的问题,一开始并没有显现出来,或者说没有在会议上很快指出。

顾问:为什么呢?

林总:我想一开始都不好意思说吧,都是同僚,也涉及利益。后来,我从仪表盘上发现进度有问题,不断追问,顺藤摸瓜,才发现跨领域合作是最大的障碍,感受到我们的改革和转型也到深水区了。所以,透过仪表盘来及时反映战略落地进度,还需要深入分析,深挖出跨领域合作的底层问题。

顾问:你们具体有些什么发现?

林总:简单来讲,就是涉及各自的成绩单和利益了。过去大家都是"诸侯",各管一摊,也都相安无事。最多在年初吵一架,主要是争论资源分配和KPI,年底吵一架,主要争论怎么分钱。但现在企业要更上一层楼,大家都知道,所有业务线都要通力合作,因为很多新的商业模式要走通,需要跨业务领域的合作。这意味着利益的再分配,而且要建立业务与业务之间的交易规则。这些在过去是不明确的。而且,过去的KPI,也太关注各条业务线的独立成绩单,因此造成大家死抠自己的成本和利润,在交易中生怕自己吃亏。

所以,我后来更理解"改革进入深水区"这句话的意思了。之后,我们就花工夫做了KPI和相关机制的调整,把跨业务合作的交易规则制定出来,将奖惩措施设立好,将某些界线划得更明确,规定有些指标是共担的、要看共同的成绩单……用的还是共商共议的方式来设计这些东西,设计了就马上实施,实施过程中不断讨论和改进。这些东西,真是实战出真知、吵吵更明白。

作者点评

如果说"主帅"和团队是软性的 KSF(关键成功要素),那么相关的激励和考核机制则是硬性的 KSF,也是必不可少的。既要靠理想和激情,又要有体系保障,才能打胜仗。

顾问:是的,把一些问题暴露出来是非常好的。最怕的是对这些问题没有感觉、没有意识。当然这些问题不容易解决,可以通过专题研讨来进行。其实,这些问题也跟我们过去的发展模式、文化基因有关系。

林总:这具体是什么意思?

顾问:过去我们的发展模式,强调快、准、狠。新开一个业务,就有一个诸侯挂帅。我们对他的要求就是聚焦、效率、速度,不用管别人的闲事,闷声发大财。这样做的好处是授权、高效、责任明确,也能赏罚分明。采用这种模式,只要我们进入了一条高速跑道,找对了一个优秀的领军人物,就搞定了一个业务,我们也就赢了。事实上,这些领军人物不太需要跟别人发生很密切的关系,他们只要搞定总部机构中管人的和管钱的就好了。这也塑造了一种文化,一种强调责任、聚焦、效率、速度、赏罚分明的文化。这是一种阳刚气十足的文化。你是这样的风格,你手下的大将们也都是这样的风格。这种模式和文化风格，造就了过去的成功。

顾问：但过去成功的打法，不足以保证你们未来也成功。未来赢的关键、未来的打法，可能都会发生重大的改变。你们的国际化战略、你们对现有客户深度全面的挖掘和赋能、你们的数字化转型及线上线下的打通等，都需要全面升级运营思路和模式，也需要塑造新的文化、价值观和行为。

林总：是啊，我也深刻地意识到了。你们是否能准备一下，找时间详细谈一下，我们看看怎样展开全面的升级。

顾问：好啊，或许"组织文化升级"就是新一轮的"必赢之仗"的题材呢，组织就是这样滚动式地向前发展的。我们准备一下，再跟你约时间细聊。

作者点评

在组织转型和升级中，文化也是一个不容忽视的重要领域。"必赢之仗"的内容可以是业务方面的，可以是管理方面的，也可以是组织和人的方面，甚至是文化塑造方面的。

7.4 案例赏析之四：战略实施

7.4.1 场景回放——"高管还要督促紧盯？"

企业背景：X 企业，中国某民营制造企业，2015 年左右开始走上规模化发展的道路。

对话人物：杨总，X 公司一把手，思维活跃，爱学习新事物。自己读了本好书会快速号召管理层全体学习，还要考试；接触到管理方面的一些新概念就要求尝试运用，比如：内部尝试阿米巴组织。

相关信息：2015 年，杨总听说同行 Y 企业请顾问公司做了战略共识和解码而且效果很好，杨总不甘落后，认为自己公司在规模化发展上需要一些新的管理动作，就大力推动这项工作。他各处打听了专业的做法，让秘书搜集材料，组织管理层自学相关的工具方法，之后在 2015 年年底把管理团队拉出公司办公区域封闭式集中了几天，做了未来三年的战略共识以及 2016 年的战略解码，提出了 2016 年的五场"必赢之仗"。2016 年年底，X 公司又做了一次战略解码，提出了 2017 年的六场"必赢之仗"。但连续两年下来，杨总对情况越来越失望。2018 年，杨总委托朋友找到我们，我们前往 X 公司了解情况。

场景回放：

回想起2015年年底的第一次战略共识和战略解码，杨总感觉应该还是很成功的。现场激情满满，绝大多数高管都响应得挺积极，虽然有个别高管似乎不太乐意当"主帅"，但杨总还是当场就把任务压了下去，把五场战役都布置下去了，五位主帅都是跟随自己多年的高管。会议之后，杨总安排秘书小高跟踪这件事情，授权他去推动几位"主帅"的日常工作，自己就没过问太多。

作者点评

首先，"主帅"的状态，对"必赢之仗"的成败至关重要。这里说的不仅是"主帅"的能力和才华，更是"主帅"的斗志和投入度。在安排任务的现场，个别高管是"不太乐意"的，那就需要杨总亲自关注，会后应马上单独沟通，询问那位高管的真实想法、心态或顾虑之处，想办法打开他的心结，激发他的斗志，若实在不合适就要考虑更换"主帅"的人选。当然，相应的绩效体系也需要跟上，不能让"雷锋"吃亏。

其次，所有"必赢之仗"的跟踪落地，都需要有专门的团队获得授权牵头去做，仅让自己的秘书去"捎带"着做，这样肯定是做不到位的。

最后，杨总自己有"不断追逐新概念/新事物"的个人特质，这是好事，但很多管理理念需要在实践中沉下心、踏踏实实地做，而不能浅尝辄止、见异思迁。工具毕竟只是为了解决问题、把事情办成而存在的。在战略实施的过程中，杨总本人也不能只做"甩手掌柜"。每场仗的进度、每个"主帅"的状态，都要杨总亲自投入时间去高度关注，及时干预和调整，持续辅导。

到了 2016 年 11 月份，杨总想了解一下几场战役的情况，秘书小高就安排了杨总和所有高管一起举办了几场战役的落地总结会议。按会议日程，五位"主帅"逐一汇报了自己领导的战役的成绩。杨总很吃惊地发现，五场战役全部没有打赢，而且进度全都远远落后于一年前的计划。"主帅"们分别陈述了各种困难，包括原材料涨价远超预期；客户不断压低采购价格，而且对服务越来越挑剔；内部人才不够，几位重要的业务人员在最关键的时期辞职；人力资源部不得力，招来的人都不能胜任等。杨总问："那我们的直接竞争对手 Y 公司的情况怎么样？我听说人家情况比我们好很多啊！""主帅"之一梁总马上反驳说："哪里，我可是听说他们的日子也不好过"。杨总面露不悦，但也没有多说什么，交代了几件近期要做的急事之后，匆忙提前结束了会议。

12 月底看到财务数据时杨总大失所望，公司的整体业绩远未完成（关键的战役没打赢，整体业务当然也好不到哪里去）。杨总提出，包括自己在内，当年所有的高管都没有奖金，等业绩回升了再说。

作者点评

一年想要打赢五场硬仗,前面是集中布置任务,最后是集体总结会议,而在这一年之中,到底发生了什么?"主帅"们的感受是什么?没人召集定期的质询复盘,没有日常的紧密跟进,也没有指导和赋能,更没有不定期的专题讨论来攻克难关……每个"主帅"自己是否投入了足够的力度去攻克难关都不一定(因为忙着日常业务呢),遇到难关可能也没人、没资源可用。"主帅"们可能觉得打不赢也没太大关系,反正老板也很少过问,那还是先关注手上的日常工作和短期的业务指标吧。这样松松散散过一年,主帅们并没有离开自己的舒适区,年底怎么可能看到期待中的成果呢?

2017年元旦前的几天,杨总再次把大家召集起来开研讨会,他板着脸把几位"主帅"和秘书小高都批评了一通,要求大家认真召开新一年的战略共识和战略解码会议。但整个会场的热度已今非昔比,大家抛开了去年的几场战役,在杨总的现场督促和要求下重起炉灶,策划了2017年六场新的"必赢之仗"。

但是,让杨总再一次感到失望的是,2017年中,大家都不大乐意再提什么"必赢之仗",主帅们埋头于自己的日常工作,都说"眼前的业务压力和手头的突发事件就已经让人焦头烂额了",而秘书小高对此也无能为力、无所适从。到了2017年年底,新的六场战役依然没有打赢。X公司还在原地打转，期望中的规模化发展似乎总是迈不开大步，而竞争对手Y公司却发展得有声有色，这让杨总非常着急，更对自己的高管团队非常失望。

作者点评

企业不能在同一个地方重复栽倒。长此以往，只会令大家对战略的解码和实施失望，甚至对公司的战略方向失去信心，进入恶性循环。复盘与反思是战略管理非常重要的一个环节，不怕战役打不赢，也不怕业务一时陷入瓶颈，关键是要在复盘与反思中找到解决问题的办法和突破瓶颈的举措。团队的士气和凝聚力也可以通过打胜仗提升。

7.4.2 采访纪实——"遇墙打洞，遇海架桥"

顾问：杨总你好，很高兴认识你。你的秘书小高说你想了解一些战略落地方面的事情，不知道你的具体困惑是什么，我们怎么才能够帮到你？

杨总：是啊，背景情况估计小高已经跟你们介绍了，我听说你们擅长战略落地，我们现在正面临这方面的挑战，所以就想请你们过来交流一下。

顾问：谢谢你的认可。你现在面临的具体问题是什么呢？

杨总：这两年我们也尝试着做了两次战略解码，我感觉会议效果还是可以的，大家在会上达成了共识，也明确了牵头人，但是实际操作时就是落不下去，到年底期望的结果也没出来，有点头重脚轻。这两年业务不仅没有提速发展，反而有所下滑。

顾问：那战略解码会之后公司具体做了什么呢？

杨总：刚开始还好，我有时候会电话问问进展，几位主帅都说在推动，但日常事务确实太多，国家又出台了一系列行业新规，我们有点焦头烂额了。所以我也没有太多地施压，结果就有点脚踩西瓜皮，滑到哪儿算哪儿了。

顾问：那你觉得这五六场战役是必须要打赢的吗？还是有其他更重要的仗要打？

杨总：这个问题我也思考过，确实从未来看都是非常重要的"必赢之仗"，但今天的业务也要完成，完不成我们可能就死在黎明前了。

顾问：嗯嗯，特别理解。今天没饭吃，就饿死了，不用谈明天的事情了。但我相信每一家公司都和你们一样面临今天的生死存亡及未来的长期发展，这是企业发展过程中每时每刻都面临的纠结，所以既要找到解决今天温饱问题的抓手，又要平衡明天的持续发展。

杨总：道理都明白，说起来也容易，但真正落地就难了。

作者点评

知易行难，这是战略实施中的典型问题。一旦发现了问题（当然，要早些发现，而不是等到年底），要马上深入分析和反思，就像下面提到的那样……

顾问：特别同意。但是你想啊，如果企业里100%的人都在解决今天的问题和过去的历史问题，或者是日常操作层面的问题，那企业可能就真的要死在黎明前了。所以，你要思考一下到底是什么原因导致大家已有共识的战略重点没有实现呢？

杨总：我其实也反思复盘了，觉得可能有几个方面的原因。一方面是个别"必赢之仗"太脱离日常工作，水土不服，好高骛远；另一方面是"主帅"们每天被烦琐的日常事务缠身，无法抽出足够的时间思考和解决战略问题，再加上缺乏监督，没有及时总结和复盘；当然，也有我的问题，想当然地以为大家达成共识了，任务也分配了，又有了牵头人，自然而然就有结果，没有考虑到过程中的监控和赋能。

顾问：杨总，你自己已经知道问题所在，也知道问题如何解决，那解决起来感觉如何？

杨总：还是挺难的，人都是有惰性的，也有工作的惯性，一个新事物要推动成功，需要的不仅是开一两次务虚会或者解码会，更重要的是这个过程中人和习惯的改变。而人的改变是需要外力的。比如我之前也知道身体好很重要，锻炼身体很重要，但一直迟迟未动，从大脑的有认识和意识到肢体的真正动起来确实需要漫长的过程，甚至可能根本就不会动。但我在EMBA班上就被外力推着养成了一个每天跑步5公里的习惯，现在不跑已经不习惯了。可见，外力还是很重要的。

顾问：杨总你说得太对了，这也正是为什么有顾问公司的存在，这就是我们的价值。

杨总：是啊，我听说你们跟 Y 集团合作得很好，他们这两年业绩增长很快，也进入了一些新的领域，并购了两家海外公司，相信这也有你们的功劳，当然我听说顾问费用也不低啊。

顾问：是这样，我们的服务也分企业陪伴式服务和企业咨询式服务，咨询式服务更多的是由赋能企业内部的变革工作小组提供的，而陪伴式服务更多的是陪伴企业一把手一起推动变革，让改变发生，在陪伴的过程中赋能企业内部。但俗话说，外来的和尚好念经，你也知道，外部的顾问比较理性和比较冷血，有时甚至是一针见血，所以更容易让企业真正发生改变。但最重要的是外部顾问会带来新的思维和认知，对一把手有时候也不留情面，如果我们发现是一把手自己不重视，我们就会提出来，从一把手入手发起变革，要改变企业，最重要的是改变一把手的认知和思维模式。简单来说，如果你的价值观、你的时间分配、你思考问题的模式没有发生改变，企业不会有质的改变。外部顾问再强，也代替不了你，所以我们只能是你的陪伴者和赋能者。

杨总：……（若有所思）

顾问：刚才你提到战略无法落地的原因，我想可能还有一个很重要的原因就是解码共识会看似解的是事情，是我们要打什么仗、怎么打、谁来打，但实际上解的是人心。这几场战役虽然有了，但有多少人真正内心认同并愿意付出自己至少50%的精力和时间，而且是有着必胜的信心和决心，即使遇到困难和挫折也会竭尽全力、拼尽所有,抱着遇墙打洞、遇海架桥的劲头呢?既然是战略重点,是"必赢之仗",就一定是难啃的硬骨头,好啃的骨头肯定不是硬仗,所以你在选帅的时候是否匹配了最强的人,是否打出了你手中的王牌呢?还是只是抱着试试看的想法?

杨总:这个倒确实没考虑那么多,主要看这场仗和谁的关联大就派给谁,没往人心、决心方面想那么多。

顾问:这也是仗打不赢的关键问题,你想想,之所以这是老大难问题、硬骨头,就是因为之前这部分工作做得不好,现在还是让之前管这块业务的人牵头打仗,你觉得胜算大吗?

作者点评

可见组织中用人之重要。尤其对于高难度系数的硬仗(有的是"翻身仗",有的是"闪电战",又有的是"绝处逢生的遭遇战"),对人的要求其实和平时开展常规业务是有很大区别的。一把手是否有识人的洞察、用人的勇气,对任命"主帅"非常重要。

杨总:……(陷入沉思)

顾问:被安排做"主帅"还是主动请缨做"主帅"是完全不同的,有时候这个仗还没开打,可能就已经输掉一半了。所以战略落地时,不仅战役要明晰、有共识,还必须让最合适的人才挑大梁，要选有动力、有能力、有干劲的人，再加上过程中的监控、赋能、资源配置等体系化的配套动作，才有可能打赢。

杨总：我之前确实考虑得不够全面和透彻，把这个事情想得过于简单了，接下来的一年我们从头开始，认真深入地讨论和落地。我相信，Y集团能做到的我们一定也能做到。你们也最好早点介入进来，我们也来点强大的外力推一推。

顾问：好的，杨总。

作者点评

转型期的组织，需要一把手的"躬身入局"，如果说五场战役有五位"主帅"，那么一把手也得"御驾亲征"。有时一把手亲自挂帅，给其他主帅的示范效应巨大，但前提是这场战役真的是"必赢之仗"，是关乎企业生死存亡的。

7.5 案例赏析之五：战略实施

7.5.1 场景回放——"新老财务总监的尴尬"

企业背景：W企业，中国某民营集团，于2014年开始全面改革，并在2015年年底启动财务条线的改革，由集团总部一把手钱总发起并主导。

第 7 章
案例赏析

对话人物：

1）钱总，W 集团一把手，国际知名商学院在读 EMBA，近几年接触和学习到一系列新兴管理理念，很感兴趣，也在组织内不断提倡这些新理念。多年来集团的高管团队相当稳定。但近两年由于变革的需要，钱总又从外部聘请了几位高端职业经理人，其中就包括一位专业的财务高管。钱总是一位非常有人情味的领导，认为每个人都有潜力，对自己原有的高管团队以及新加入的高管都很慷慨，也不希望任何人掉队。

2）彭总，W 集团总部新任财务总监，是钱总的 EMBA 同班同学，钱总很欣赏彭总在财务方面的专业造诣，认为他精通规范、体系严谨，于是用重金将彭总挖来。在加入 W 集团前，彭总曾在大型跨国企业担任亚太/中国区的财务高管。

3）杨总，W 集团总部原财务总监，是企业的老员工，自创业伊始就一直跟随钱总，人品端正，勤奋踏实，一直是公司的"内当家"。彭总上任之后，杨总被任命为集团财务委员会主任，同时兼任 W 集团旗下某子公司（集团最大的业务板块）的副董事长。

作者点评

在引进高管方面，一开始就要意识到新人彭总与老人杨总有非常不同的背景和工作习惯，如果希望他们能无缝合作，需要提前下足功夫——这是钱总的职责。

场景回放：

2014年，钱总请顾问公司做了战略共识和解码，研讨会现场的效果很不错，但从几场"必赢之仗"的落地效果来看，总是无法很好地闭环。由于账算不清楚，数据模糊或缺失，导致业务结果好坏有点说不清，一些投资判断也缺乏足够的信息支撑，到年底评绩效、发奖金时，各种缺乏依据的讨价还价也让钱总很苦恼。到了2015年年初，由于公司的财务条线过于薄弱，还影响了一个关键业务的决策，导致集团遭受了很大的损失。在季度会议上，钱总问的几个业务问题，也由于数据扯不清，关键人员总是回答不到点子上，高管之间互相埋怨。钱总痛定思痛，决定狠下心来更换原来的财务总监，一定要招聘专业背景深厚、有经验的职业经理人，并希望新的财务高管能让公司的财务条线全面更新换代。同时，考虑到新人可能需要时间了解企业的实际情况,也为了感谢老人这么多年来对组织的贡献和付出的苦心,钱总也为老财务总监新分配重要的位置,希望新老负责人能够联手把财务条线的改革做扎实、做到位。

召开了高管会议、也发布了对彭总和杨总新的任命文件之后,钱总心中一块大石头终于落了地,就放手让两位财务高管去做改革了。改革伊始,财务条线起草并发布了多项新的管理措施,但最终执行落地的很少。钱总本来极少参加财务变革的例会,但后来不得不自己亲自主持会议。彭总感觉极度挫败,最终提出了辞职。

作者点评

我们看到过很多意气风发的空降高管,从信心满满准备大干一场,到进入新环境后发现理想和现实的差距太大,造成心理失衡。组织,尤其是一把手,需要更多地关注新入职的高管,给予足够的帮助以及心理建设。当然,耐心也非常重要,3 到 6 个月的适应期是非常有必要的,遗憾的是很多高层对空降高管的耐心只有一两天而已。

钱总一边努力挽留,一边委托我们顾问组找几个人去聊聊。

数次沟通后,顾问组搜集到的一部分有代表性的意见如下:

◇ "有时不知道听谁的,我拿同一件事情去问彭总和杨总,他俩的回复不一样,一个说可以,一个说不可以,那到底可不可以啊?谁说了算呢?"

◇ "当不知道听谁的时候,我只好去问钱总,其实就是希望钱总拍板,但钱总又回复我说:'你去找彭总和杨总商量。'然后我回到彭总和杨总那里,一圈下来还是没有结果……"

◇ "因为不知道听谁的,彭总和杨总的有些指示,我就不去执行了,没法执行啊。拖着再说,不然投入资源去做,后面又给推翻了,我哪有那么多时间搞来搞去。"

◇ "彭总不了解我们的实际情况,他弄了一大堆非常复杂的表格,我们都没法填,而且很多看都看不明白……"

◇ "我们没有时间填那么多表格,很多情况杨总都清楚,彭总问下杨总不就可以了嘛。"

◇ "杨总兼任我们子公司的副董事长之后,我们的决策体系就很尴尬,子公司总经理和副董事长,我们该听谁的呢?一方面要尊重杨总,毕竟是集团的领导,另一方面杨总确实不够了解我们的具体业务、运营细节,他提的意见我们听也不是、不听也不是……"

◇ "每次开会说好的事情,会议一结束,就找不到人去做了,发微信也不回,根本推不动,我感觉就我自己着急,他们都无所谓……"

◇ "现在也没觉得公司的账比以前理得清晰了多少或是分析出了什么有用的新发现,倒是'一会儿管头一会儿管脚'的,感觉很乱。"

◇ ……

作者点评

以上现象相当常见,没有明确的职责分工,重要的事情几个人一起牵头负责,往往"过犹不及",太多人管比没人管更糟糕。高效的核心团队的标志之一就是清晰的职责分工。

7.5.2 采访纪实——"好心办坏事"

把调查报告发给钱总后,过了几天,顾问团队就去和钱总进行了一次谈话。

顾问:钱总,不知看过我们的调查报告之后,你觉得怎么样?有什么思考吗?

钱总:说实话,很意外。杨总和彭总都是很优秀的人,各有各的长处,正好互补,甚至我会觉得,把他俩合在一起,就正好是我需要的完美的财务总监。不知道是不是因为我们的财务底子实在太薄,给他们的工作造成了困难?

顾问:我们了解到,你们公司的财务底子问题,和很多快速发展的民企的问题是类似的。彭总经过这么多年的财务专业训练和企业实践,让他来把账算清,应该是不困难的。我们认为是别的方面出了问题。你能否介绍一下,当时是怎么考虑杨总和彭总之间分工的吗?

钱总:彭总财务经验丰富,但他刚来,确实还不了解我们的实际情况,不管是业务方面还是财务系统的历史欠账,都需要不少时间才能理清。我也怕原来的一些人有抵触,不配合他，所以让老杨和他搭档。老杨跟了我快二十年了，专业水平是欠缺一点，但人很正，也上进，所以我也想再给他一些机会，不想让他太失落。再加上他是我的老部下了，知根知底……财务这块是重要而又敏感的领域，有他在，我放心一点，总不会出大乱子。万一彭总搞不成功，杨总至少能把局面维持住，最基础的那些事情不会掉到地上。所以，我让他从财务总监的位置下来，但仍然在我的核心班子里面。

顾问：那具体这两人怎么分工，当时有没有说得更清楚呢？

钱总：我当时是希望他俩能够在互动和合作的过程中自己去摸索清楚。而且有些事情，一开始不用界限分得那么清吧，每个人都多做一些、多担一些，人多力量大，相互之间多帮个忙，做着做着就有答案了。没想到，我好心办了坏事，看来就是你们之前讲过的，组织的明确性还是要再高一些。

顾问：是啊，不明确不行啊！其实很多企业都遇到过这种情况。一把手把重要的工作同时交给多个得力干将，希望共同负责，能出更好的成果。其实，有时未必"人多力量大"，这样的安排，忽略了组织本身的一些基础建设，没有匹配相应的架构和流程等组织设计，或者角色不明、分工不清，到最后效果反而不好。而且团队也常常会很困惑，处处都"尴尬"，做点事情要不停琢磨"该找哪个领导""该走哪个渠道""该听谁的指令"等，人多不一定好办事。

钱总：你说得对，这是我开始时没有预料到的。看来，共同负责,最后就变成了没人负责,而且每个人都可能还有满肚子的意见。

顾问:财务改革刚开始时,你们共同商量确定了每周召开例会。这种例会制度其实是很重要的,能够发现问题并及时调整。但每周例会的效果似乎不明显,后来常常有人请假,例会就形同虚设了。

钱总:是的。我开始并没有参加这个会议,现在反思,我应该参加的,毕竟这是公司级别的改革啊。当时,我是想充分授权给他俩,我又不懂财务,怕影响他们发挥,也担心影响他们的权威。事实上,我不参与,有些人就不重视,再加上他俩的配合还并不默契,而且彭总也刚来,还镇不住场子。我确实应该早些去给他们一些支持,也帮忙纠偏。直到后来越走越"偏",都快收不住了……我这又是好心办坏事啊!

顾问:那你现在打算怎么改进?

钱总:组织和人员分配方面,还是你们有经验。确实需要清晰的分工和组织设计,权限要清楚,决策流程要清楚。我也想拜托你们,带着我们的变革小组,把组织和人员整理一下,再做一轮改进,我也再做做彭总和杨总的工作。

顾问:好的!

作者点评

我们发现,很多企业的一把手都有这样的习惯:将一些重要的事情同时交给几个人去负责,希望他们能够发挥各自的优势,想当然地认为他们能够配合协调得很好。但大多数情况下会事与愿违，特别是彭总与杨总这种从来没有一起合作打过胜仗的新老领导，想要在这么重要的战役中互相欣赏、彼此依赖、快速找到默契，几乎不可能。如果企业一把手在重大事件的责任和权力、管控和组织架构方面留了过多的"灰度"，会把局面搞得更复杂，让相关人员面临窘境，进退两难，不仅会考验彭总和杨总的情商，也过于考验相关团队下属、平级同事的情商，事情就会没有结果，还浪费了很多人的精力、时间和情绪。我们需要强调：关键事项一定要说清楚谁是第一负责人，而且只能有一个负责人，这也需要管控、组织架构等体系上的配合。越不好意思说清楚，越会带来执行落地的困难。

7.5.3 采访纪实——"推什么都推不动"

离开了钱总的办公室，我们去隔壁办公室找彭总交流。彭总的办公室有一个很大的书架，放满了各种管理类的书籍，其中包括不少英文原版书。简单的寒暄之后，彭总向我们介绍了加入W集团以来的情况，尤其是在财务改革中他的心路历程。可能由于彭总之前和各种外部咨询方打过交道，他对这种访谈并不陌生，也比较信任第三方的中立立场，很快就打开了话匣子。

彭总：我刚来的时候，还是信心满满的。外资企业的财务体系很完整、很系统，我又做了那么多年，钱总找我来就是要发挥我的经验和优势。我想，这里财务体系上的问题还是很明显的，肯定需要改革，这点我跟钱总的意见高度一致，钱总也很支持我的工作，让我放手去干。

所以，我先是到各子公司去做调研，去了解情况，结果发现各子公司的财务数据真是一塌糊涂，底子特别薄弱，管理混乱。财务团队只能做些非常基础的记账和报表工作，还不时出点错。他们几乎没有现代财务管理的知识和经验，财务管理制度严重缺失，到处都有漏洞可钻，更谈不上通过财务数据去做深入的经营分析或提战略性的建议了。之后你们也知道了，我们先推出了一些必要的财务管理制度，建立内控制度等，但效果并不好，一些新的措施总是很难推动，落地效果也不佳。

顾问：你觉得是什么原因呢？

彭总：估计是我太心急了吧，内部能力和人都还没有到位，我一下子推出太多新政，落地时下面接不住。

顾问：你和杨总的分工，你觉得清楚、合理吗？

彭总：唉，分工不是很清楚。钱总的意思就是大家一起干。虽然我跟杨总的思路不太一样，但我认为决策权还是在我这里。后来发现我决策之后，还是无法落地。感觉到从未有过的挫败。杨总性子慢，我比较急，我们的节奏总是不一样，但他又是财务管理委员会的主任，还是要考虑他的想法。我们对业务的理解也不一样，有些事情，员工来问我能不能做，我说不行，然后他们又跑去找杨总，杨总却又说行。关于财务条线，我了解之后发现能力缺口比较大，所以想把团队调换一下。结果是我想淘汰的人，杨总又想留着，觉得能力还可以。

我们看人的眼光总是不一致，这也让我特别头疼。

另外，管控关系也不大清楚，比如说我去子公司是去"指导"的，那什么叫"指导"？是不是别人可听可不听？可能钱总也是怕总部插手太多，影响子公司的业务，但现在任务完全没办法推动啊！我去子公司让他们整理数据，子公司的财务负责人、总部派出的人都干不来，数据搞来搞去也搞不清，手把手地教也没那个时间。还有，让他们做点事情，他们总说还有别的工作，配合起来真是不顺。

顾问：财务这条线引进人才的情况如何？

彭总：我找了几个我以前的手下，他们过来后，也不太适应这边的文化和工作效率，推事情推不动，然后没待多久，就走了三个了，我也觉得挺对不起人家的。

顾问：如果回顾这个过程，有机会再做一次的话，哪些方面能做得不一样呢？

彭总：这个问题问得好，我也确实认真想过。我和杨总的分工，还是应该一开始就说清楚，如果是目前这个样子，我当时就不应该来。刚开始说的是我来全权负责，后来又不是这么定的。把事情说明白，把职责和授权讲清楚，我才好把财务条线换换血，提升能力，这样才能满足公司的业务要求。当时，我性子也确实太急，可能当初再多听听多方意见，开始的时候慢一点，先把情况弄清楚，后面做事说不定反而能快一点。

顾问：确实！现在钱总也认识到了你说的这些问题，我们也再努力，看看能不能帮上什么忙。

彭总：那太好了，希望有所改进！

7.5.4 采访纪实——"我也很无奈"

第二天，我们又去拜访了杨总。杨总跟我们认识比较久了，很快就念叨起了他的满腹无奈。

杨总：我其实也很认可财务条线的改革，都二十年了，公司业务发生了天翻地覆的变化，我也知道我们财务团队没有跟上这个步伐，我心里也不好受。但凡事总要有个节奏。彭总的性格太急了，强推了几项措施，都不符合我们企业的情况，结果总部的、子公司的，好几个会计都来找我诉苦。我去找钱总，钱总又说，让我多把握一下，不要把基本的事情弄乱了，还有几个人需要保住，不要因为变革，把人给流失了。

顾问：那你跟彭总怎么考虑财务改革的重点，以及人才方面的事呢？

杨总：彭总是想多招些更专业的人过来，我不是说不答应，但这不能太快啊。前几个月，总部财务做报表的小高提出离职，还是我出面把他暂时稳住了。新的人可以来，但老的人也要安排好啊！彭总不了解我们业务的历史，有时不能只凭想象弄，弄不出来的。

顾问：那你怎么看目前的情况？

杨总：现在财务改革暂时停下来了，我是建议如果不理清楚，就不如不变，不然越变越偏。听说你们来了，我是很高兴的，希望你们帮我们诊断诊断，出出招，理理顺。

顾问：好的，我们会尽力。

7.5.5　后续

经过多轮的商量讨论，在两周之后，W集团决定重新启动财务改革，由钱总亲自担任改革工作小组的主任，彭总担任副主任，而杨总将以顾问的形式，协助财务改革，但不再承担任何行政职务。周例会也重新启动，由钱总亲自主持。

终于，这场财务改革的"必赢之仗"，"主帅"和主力军清晰了，关键人物的职责和授权明确了。这次改革也就有了胜利的基础，进入了良性循环。

作者点评

战略实施想顺利落地，需要组织的体系化建设来支撑。把事说清楚的好处远远大于坏处，而且越早说清楚，越能提高效率，减少执行过程中不必要的冲突，否则就会越来越说不清楚、做不明白。

后　记

写在疫情的尾声

随着最后一幅插图完美插入书稿，本书的撰写也落下了帷幕。

凑在一起写书这事，实则发轫于一年多前。犹记那个温和宜人的早春之日，四位昔日老同事相聚南国，商量着如何对这些年来国内企业在不断的战略转型中的成败得失做些归纳和分享，帮助更多国内企业在 VUCA 环境中可持续地成长。于是，四位致力于帮助国内企业的伙伴就有了写书这个想法。

落笔成书并不易。表面上是战略相关的主题，实则和组织、领导力、文化也都高度相关。需要很多的思路碰撞和框架构建，落笔成文也需要字斟句酌。需要有理论和方法论的高屋建瓴的指引，也需要有充分的真实案例和实践的剖析。需要从国内企业、企业家和管理者们的痛点出发去解决实际问题，也需要不断回归国内企业进行组织变革转型的初心，挑战更高更强的愿景。

由于是四人合写，这一年多的过程很考验彼此的配合和默契，我们也获得了颇多单独撰写所没有的独特体验。一起将思路、找切入点、调整结构、增减模块……甚至大刀阔斧地增和删、拆与并。数不清多少次长长短短的开会讨论，多少次各自码字到深夜，多少次一大早收到微信群里的留言，多少次相互补充和彼此"批改"……

在国内疫情正值高峰的那段日子，我们四人分处四地，无法见面碰头商量，于是借助网络技术进行频繁的远程沟通。每次远程会议我们都先交换一下各地的抗疫信息，彼此问候，为中国的逆行者们祝福，然后讨论写书的进展——不辜负生命，做有意义的事情，这是疫情之下我们力所能及的。

距离，没能阻隔遥远的彼此关怀，也没能阻隔热烈的思维碰撞。我们各自奋笔疾书，在微信群中，文稿和讨论满天飞。书稿像接力棒一样在我们手中传递，相互丰富、彼此叠加。虽说每次都有分工，但越到后面这书稿愈发难分彼此、融和一体。最后临近成书时，更是把十几万字的文稿悉数打印，各自从头到尾统看、细改。

收笔之时，疫情已近尾声。我们终于合力完成了一件有意义的事！

能做成这件有意义的事，要感谢无数前人在这个领域的研究和积累，感谢这个时代和国家为我们创造的千载难逢的机会，感谢国内企业、企业家和管理者们的不断奋进和大胆探索！

感谢我们服务过的所有客户、就职过的每一个组织、合作过的众多伙伴们，一路有你们，真好！

后 记
写在疫情的尾声

感谢给本书撰写推荐序和推荐语的各位商业领袖，与你们的合作让我们受益终身！

也非常感谢出版社的信任，为我们提供专业和细致的指导！

最后，要感谢我们的家人和朋友们无条件的支持和关爱！

作者 4C 团队介绍

4C（Foresee 预.见）团队由四位成员（4C）组成：陈玮（Wayne Chen），陈雪萍（Grace Chen），陈悦（Cherry Chen）和岑颖寅（Vanessa Cen）。

4C（Foresee 预·见）团队是：

一个共同学习成长和探索的团队，助力个人与组织的变革转型。

陈玮（Wayne Chen）

- ForeSee 预·见成员。
- 现为北大汇丰商学院管理实践教授，北大汇丰商学院创新创业中心主任。
- 在加入汇丰商学院之前，曾任滴滴出行高级副总裁，万科集团执行副总裁兼首席人力资源官，合益集团（Hay Group）大中华区总裁、东北亚区总裁、全球执委会委员及全球董事会董事。
- 早年陈玮先生还曾供职于可口可乐和耐克公司，从事营销和全面业务管理工作。
- 1994 年到 1998 年创业，并开始了近 20 年的管理顾问工作。

- 陈玮先生曾为众多大型国有、民营和世界500强企业提供过管理咨询及培训服务，内容涉及战略共识、战略解码、战略实施、组织与文化变革、战略性人力资源体系构建、高管选拔与发展等领域。服务过的大型企业包括但不限于：华为技术、万科集团、平安集团、滴滴出行、顺丰速运、华润集团、中国工商银行、中国国航等。
- 陈玮毕业于华东师范大学心理学系，在美国宾州州立大学攻读人力资源发展专业并获得硕士学位。
- 陈玮还参加了哈佛商学院高级管理课程（AMP）的学习，并取得结业证书。

陈雪萍（Grace Chen）

- ForeSee 预·见成员。
- 先后历任合益集团（Hay Group）北京分公司负责人、大中华区总裁，光辉国际（KFY）咨询业务中国区副主席（合益集团在2015年12月与光辉国际合并）。
- 自1997年起，陈雪萍女士开始在中国从事管理咨询服务工作，为政府机构、国务院国有资产监督管理委员会管辖的大型中央企业、众多世界500强企业、民营企业提供管理咨询服务，至今已有20多年的管理咨询经验。服务过的大型企业包括但不限于：华为技术、京东、百度、中化集团、华润集团、招商银行、中国国航、中国工商银行、国家开发银行等。
- 作为企业运营管理、顶层架构设计、商业模式与战略共识设计、管控与组织架构设计、人才发展与甄选、领导力教练等领域的专家，陈雪萍女士一直致力于帮助客户借助科学严谨的方法将人与组织进行有效整合，充分激发人才和组织的潜能，有效进行领导力转型，打造高效的高管团队，助力企业实现战略落地，以成功应对不同时期的商业挑战。

- 陈雪萍女士曾受邀在《杨澜访谈录》《财富》《企业管理》《世界经理人》等知名媒体以及经管类杂志接受采访并发表文章及观点,并多次在国内知名管理论坛担任特约演讲嘉宾,她还曾作为专家受邀于中国商务部就"中国企业走出去"的话题进行专题采访。陈雪萍女士现任中国人才资源开发研究会副会长职务,致力于推动中国人力资源服务的健康发展,同时也是国内知名学府的客座教授。

陈悦 (Cherry Chen)

- ForeSee 预·见成员。
- 曾任合益集团(Hay Group)大中华区副总裁,大中华区民营企业业务负责人,合益集团全球高级合伙人。
- 曾任某大型民营企业总裁,领导企业为期三年的改革,包括战略执行的体系化设计和实施、组织升级和转型,以及关键人才发展等。
- 陈悦女士有丰富的企业管理实战经验,同时,在管理咨询领域也有非常丰富的从业经验,能很好地将咨询的经验运用并落地到企业管理中,也将企业管理的实操经验,总结提炼到咨询的理论和框架中。
- 陈悦女士曾就职于华为深圳总部,也曾服务世界500强企业霍尼韦尔(Honeywell)亚太区市场战略部。
- 陈悦女士于2003年进入咨询行业,在加入合益集团前,曾就职于毕博(BearingPoint)管理咨询战略团队,以及安永(E&Y)并购团队,为世界500强企业、民营企业提供变革管理相关的咨询服务。
- 是实战派和理论派的结合者,在专业方面,更擅长整体的战略落地以及企业改革设计和实施,对改革的关键点设计和落地有丰富的实战和理论经验,能够有效助力高管团队推动企业整体的改革和发展。
- 毕业于复旦大学国际工商管理专业,获得硕士学位。

岑颖寅（Vanessa Cen）

- ForeSee 预·见成员。
- 历任合益集团（Hay Group）的顾问、咨询经理、咨询总监、人才和领导力发展学科带头人、光辉国际（KFY）高级全球合伙人（合益集团在 2015 年 12 月与光辉国际合并）。
- 在管理咨询领域有十多年的工作经验。此前，也曾在他国不同性质的企业中（在华外资企业、民营企业，以及上市公司）有过人力资源实践工作经验。
- 作为人才测评和领导力发展方面的专家和专业骨干，曾带领和参与大量的人才管理、测评和领导力发展项目的业务开拓和关键交付。担当合益集团（中国）的人才和领导力发展学科带头人期间，曾为重大项目提供专业支持，也曾助力内部能力培养和产品研发/优化。
- 服务过的客户覆盖众多行业，包括制造、房地产、医药和生命科学、快消、零售以及多元化集团企业。
- 擅长以素质为基础的领导力测评、人才管理、领导力发展和教练辅导，尤其熟悉各类测评/发展技术和工具，有丰富的设计和实施经验。拥有光辉/合益体系的诸多专项认证，以及 Hogan 测评认证、Design Thinker 培训师认证、励衿 Talentx7 认证等。在《财富》《世界经理人》等管理专业媒体发表诸多文章。
- 毕业于新加坡国立大学商学院，获 MBA 学位。

【注】插图作者：杰生古古。